DONG LI DIAN CHI JI NENG LIANG GUAN LI JI SHU

动力电池及能量管理技术

（微课版）

U0365750

组编　上海景格科技股份有限公司

主编　唐晓丹　庞晓莉　吕灶树

华东师范大学出版社

上海

图书在版编目(CIP)数据

动力电池及能量管理技术/唐晓丹,庞晓莉,吕灶树主编;上海景格科技股份有限公司组编. —上海:华东师范大学出版社,2021
ISBN 978 - 7 - 5760 - 1406 - 8

Ⅰ.①动…　Ⅱ.①唐…②庞…③吕…④上…
Ⅲ.①电动汽车-蓄电池-管理-职业教育-教材
Ⅳ.①U469.720.3②TM91

中国版本图书馆 CIP 数据核字(2021)第 064377 号

动力电池及能量管理技术

组　　编　上海景格科技股份有限公司
主　　编　唐晓丹　庞晓莉　吕灶树
责任编辑　李　琴
特约审读　李秋月
责任校对　梁梦瑜　时东明
装帧设计　庄玉侠

出版发行　华东师范大学出版社
社　　址　上海市中山北路 3663 号　邮编 200062
网　　址　www.ecnupress.com.cn
电　　话　021 - 60821666　行政传真 021 - 62572105
客服电话　021 - 62865537　门市(邮购)电话 021 - 62869887
地　　址　上海市中山北路 3663 号华东师范大学校内先锋路口
网　　店　http://hdsdcbs.tmall.com

印 刷 者　上海昌鑫龙印务有限公司
开　　本　787 毫米×1092 毫米　1/16
印　　张　13
字　　数　271 千字
版　　次　2021 年 5 月第 1 版
印　　次　2023 年 8 月第 2 次
书　　号　ISBN 978 - 7 - 5760 - 1406 - 8
定　　价　38.00 元

出 版 人　王　焰

(如发现本版图书有印订质量问题,请寄回本社客服中心调换或电话 021 - 62865537 联系)

新能源汽车系列教材编写专家委员会

内容简介

NEI RONG JIAN JIE

　　随着电动汽车的发展,作为电动汽车核心动力源的动力电池的技术不断成熟,其类型也不断增多。动力电池是为电动汽车储存和提供电能源的一种装置,具有强大的电能容量及输出功率,是电动汽车的核心部件之一,其工作性能直接关系着电动汽车的动力性能、续驶能力及安全性。动力电池的能量管理系统通过对电池系统的高效管理与控制,可以优化电池组工作性能,延长电池组使用寿命并保障其安全性。不同类型的动力电池性能、价格具有明显差异,能适应不同的消费层次和满足不同的需求。因此,如何正确选择和匹配动力电池是一个至关重要的问题。在这样的市场需求背景下,维修人员需要掌握动力电池类型、组成原理、应用及能量管理方面的相关知识和基本操作技能。

　　本教材主要介绍了动力电池类型、组成、原理和应用,以及能量管理方面的知识,并以新能源领域应用较多的纯电动汽车比亚迪 E5 和混合动力汽车丰田普锐斯的动力电池为典型案例,介绍了其组成和控制特点。本教材可以使读者了解各种类型动力电池结构、控制及应用特点,为了完成这个目标配有引导使用者安全规范操作的微课视频等资源,注重培养使用者的职业素养。同时,为了方便教材的应用,还匹配了与教材实训任务完全对应的学习工作页,大大提高了应用的可行性。

　　本教材主要参考新能源汽车国家标准规范和维修手册进行编写,分为四个项目,主要介绍了电动汽车动力电池基础认知、常见动力电池结构及应用、动力电池能量管理、典型动力电池及能量管理系统应用的相关知识。每个项目先系统介绍相关内容,再结合典型车型介绍动力电池在实车上的结构和特点,并配有相关的实训任务来锻炼和提升使用者的专业技能。

　　本教材可作为职业院校新能源汽车技术等专业教学用书,也可作为汽车技术人员培训教材,汽车维修人员和汽车技术爱好者亦可用于自学。

前言 QIAN YAN

  党的二十大报告提出,要实施全面节约战略,发展绿色低碳产业,绿色发展战略升级,并提出"积极稳妥推进碳达峰碳中和"目标。新能源作为现代化产业、经济增长新引擎被提出。新能源汽车作为新能源产业的重要组成部分,是我国重要战略新兴产业,对实现碳达峰碳中和目标具有重要的作用。2022年7月国务院印发了《新能源汽车产业发展规划(2021—2035年)》,"三纵三横"研发布局为我国新能源汽车产业发展搭建了强有力的技术底座,也为我国新能源汽车发展指明了方向,提出了更高要求。发展新能源汽车产业,是汽车产业高质量发展的必然选择。

  根据《国家中长期教育改革和发展规划纲要》的精神,为推进职业教育课程改革和教材建设进程,我们依据理实一体化课程改革理念,以工作任务为课程设置与内容选择的参照点,以任务为单位组织内容并以任务活动为主要学习方式,开发、编写了新能源汽车技术专业的系列课程教材。《动力电池及能量管理技术》既是新能源汽车各专业必修基础课程教材之一,也是上述系列课程教材之一。

  本系列课程教材与项目课程教学包的设计和编制同步进行,是项目课程教学包的配套教材。

  本项目课程教材的主要特色有:

◆ 以实践为主线

  教材编写的宗旨是培养以就业为导向、以职业为载体的学生全面发展。一切教学任务来源于实际工作过程中的典型生产任务,颠覆理论为主、实践为辅的传统教学模式,将纯理论课程与实际车型相关联,增加可实践操作内容,理论知识够用即可。

◆ 以互动性为基础

  本教材为融合创新立体化教材,它以独具魅力的纸质教材为核心,借助移动互联网,通过扫描二维码实现纸质教材与移动端数字化资源的瞬间连接,将教材配套的数字化资源与纸质教材内容充分融合,益教易学。

◆ **以资源库为支撑**

资源库中含有内容丰富、数量充足、知识全面的素材,分为理论教学、结构认知和实操演示三部分,教材的编写引用大量的多媒体素材,条理清晰、内容全面。

◆ **以实用性为原则**

教材的编写以工作过程为线索,形成以项目实施为主体思路、理论与实际相结合、专业教学标准与职业资格标准相融合的系列课程教材。教材任务与实际的典型工作任务相吻合,具有很强的实用性。

本系列课程是校企合作共同开发的课程,适应各地学校新能源汽车技术等相关专业教学。希望各校在选用本项目课程教材实施教学的过程中,及时提出意见和建议,以便在修订时改正和完善。

编者

2023.08

目录 MU LU

▶ 微课视频

项目一 > 电动汽车动力电池基础认知

项目概述

　　动力电池是为电动汽车储存和提供电能源的一种装置,具有强大的电能容量及输出功率,是电动汽车的核心部件之一,其工作性能直接关系着电动汽车的动力性能、续驶能力及安全性。

　　本项目旨在通过梳理动力电池的发展史,介绍动力电池的基本组成、工作原理、性能参数以及应用要求等基础知识,帮助学生建立对动力电池的基本认知,为后续的深入学习和技能训练奠定理论基础。

任务 1 电动汽车动力电池发展史

任务目标

1. 了解动力电池的基本概念。
2. 了解动力电池的发展现状。
3. 掌握动力电池的发展趋势。

任务导入

　　某职业院校新能源汽车技术专业的学生已完成电池的基础知识学习,现两位学生针对动力电池的发展产生了争议,甲认为是动力电池促使了电动汽车的发展,乙认为是电动汽车促使了动力电池的发展。请学习电动汽车动力电池相关知识,整理出电动汽车动力电池发展的时间线,并对他们的观点进行判定。

知识储备

　　动力电池的名称来源于动力机械应用领域(如潜艇制造等),并一直沿袭至其他领域。根据全球电动汽车行业基本约定:为电动汽车提供驱动动力的电池统称为动力电池,包括传统的铅酸蓄电池以及新兴的锂离子电池等。区别于手机、笔记本电脑等消费类电子产品使用的锂电池,电动汽车用锂电池一般称为动力锂电池。动力锂电池是电动汽车发展最关键的技术之一。

　　在《电动汽车术语》(GB/T 19596 - 2017)中,动力电池(traction battery)的定义为:为电动汽车动力系统提供能量的蓄电池。

一、动力电池发展历史

　　动力电池是一种具强大电能容量及输出功率的电池,可作为电动自行车、电动汽车、电动设备及其他电动工具的驱动电源,军事、企事业单位的蓄能设备也会用动力电池作为常用备用电源。随着环保理念的不断深入人心,以动力电池为基础的电动汽车的发展越来越受关注。这里主要介绍动力电池的研究历史。

为了解决燃油为动力的汽车排放对环境的污染,以电池为动力的电动汽车(electric vehicle,EV)和油电混合电动汽车(hybrid electric vehicle,HEV)成为世界各国研发的热点,其中动力电池的研发更是成败的关键。根据动力电池使用特点、要求、应用领域的不同,国内外动力电池研发历史大致如下。

(一) 第一代动力电池

第一代动力电池是铅酸蓄电池,而且主要是阀控式铅酸蓄电池(VRLAB)。其优点是大电流放电性能良好,价格低廉,资源丰富,电池回收率高,在电动自行车、电动摩托车上广泛应用。缺点是比能量低,主要原材料铅有污染。新开发的双极耳卷绕式阀控密封铅酸蓄电池已经通过混合动力汽车(HEV)试用,其能量密度比平板涂膏式铅酸蓄电池有明显提高。

(二) 第二代动力电池

第二代动力电池是碱性电池,如镍镉(Cd-Ni)电池、镍氢(MH-Ni)电池。镍镉(Cd-Ni)电池由于镉的污染,欧盟各国已禁止用于动力电池;镍氢(MH-Ni)电池的价格明显高于铅酸蓄电池,目前是混合动力汽车(HEV)的主要动力电池。日本松下能源公司已为混合动力汽车(HEV)提供了1 000万只以上的镍氢(MH-Ni)电池,镍氢(MH-Ni)电池在电动自行车上的应用,由于价格问题在市场上缺乏竞争力。

(三) 第三代动力电池

第三代动力电池是锂离子(Li-ion)电池和聚合物锂离子(Li-polymer)电池,其能量密度高于阀控式铅酸蓄电池(VRLAB)和镍氢(MH-Ni)电池,比能量达到200 W·h/g(IB),单体电池电压高(3.6 V),其安全问题解决以后将是最具竞争力的动力电池。

(四) 第四代动力电池

第四代动力电池是燃料电池,如质子交换膜燃料电池(PEMFC)(图1-1)和直接甲醇燃料电池(DMFC),其特点是无污染,放电产物为H_2O,是真正的电化学发电装置。燃料电池以H_2或甲醇作为燃料,O_2作为氧化剂,可直接转化为电能作为车载动力。而前面所说的铅酸蓄电池、镍氢(MH-Ni)电池和锂离子(Li-ion)电池均属于电能的转换和储能装置,电池本身并不能发出电能,必须对电池进行充电,将电能转换成化学能,在使用时再将化学能转变为电能作为车载动力。所以,这类电池目前仍然要消耗由矿物燃料发出的电能。

燃料电池是车载动力的最经济、最环保的解决方案,但是要实现商业化还有许多问题需要解决,如价格昂贵,采用贵金属铂、铑作为催化剂,氢的储存运输不易,电池寿命有限等。

第四代动力电池(燃料电池)的诞生、发展是以电化学、电催化、电极过程力学、材料科学、

蓄电池发展历史
及优缺点

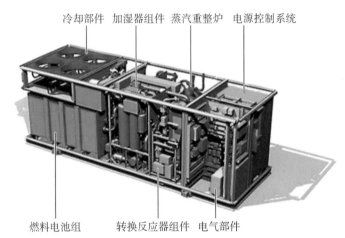

图1-1 典型的质子交换膜燃料电池

化工过程和自动化等学科为基础的。此类燃料电池经改进后,还可直接使用汽油和柴油。因此,燃料电池的发展极具实际使用意义。

二、动力电池发展现状

(一)目前新能源汽车上使用动力电池的类型

长期以来,电池的寿命和成本问题一直是电动汽车技术发展的关键。通过不断地创新与改进,电池技术进展迅速,已从传统的铅酸电池发展到镍氢、钴酸锂、锰酸锂、三元材料、磷酸铁锂等先进的绿色动力电池,并且在能量密度、功率密度、安全性、可靠性、循环寿命、成本等方面都取得了很大进步。表1-1所示为电动汽车上使用的主流动力电池的性能特点。

表1-1 电动汽车上使用的主流动力电池的性能特点

电池类型	铅酸电池	镍镉电池	镍氢电池	锂电池
比能量/(W·h/kg)	35	55	60~70	120
比功率/(W/kg)	130	170	170	1000以上
循环寿命/次	400~600	500以上	1000以上	1000以上
优点	技术成熟、廉价、比能量较高	比能量较高、寿命长、耐过充放电性好	比能量高、寿命长	比能量高、寿命长
缺点	比能量低、耐过充放电性差	镉有毒、有记忆效应、价格较高、高温充电性差	价格高、高温充电性差	价高、存在一定安全性问题

　　铅酸电池经过一百多年的发展,技术成熟,初期采购成本比镍氢电池和锂离子电池低得多,而且电池结构方面的新技术提高了铅酸电池的性能,因此在一定时间内铅酸电池仍然会被广泛使用。但是铅及其化合物对人体有毒,而且铅酸电池性能大幅度提高的可能性不大,从长远来看,铅酸电池将被其他新型电池所取代。

　　铅酸电池比较适合低速、低成本的电动车辆,我国绝大多数电动自行车的电池都采用铅酸电池,而且铅酸电池在低速短途电动汽车领域也有着广泛的应用。目前我国多个省份已经开始放开对低速短途电动汽车的政策,在一定意义上将促进铅酸动力电池的应用。

　　镍氢电池和锂离子电池属于新型动力电池,日本走在镍氢动力电池研发和产业化前列。目前,在已经产业化的混合动力电动汽车上普遍采用了镍氢电池,使用寿命已经能够达到 10 年以上。镍氢电池以其功率密度高、技术成熟的特点,在混合动力车辆用动力电池中将被持续稳定应用,今后研发的热点主要集中在提高镍氢电池的能量密度方面。

　　在锂离子电池领域,随着锂离子电池材料的研究和发展,尤其是硝酸铁锂、铁酸锂等电极材料的出现,极大提高了锂离子电池的循环寿命,降低了电池的材料成本和使用成本,使锂离子电池成为近期内最有发展前途和推广应用前景的动力电池。

　　近年来,以锂离子动力电池为代表的先进动力电池在能量密度、功率密度、安全性、可靠性、循环寿命、成本等方面取得突破性进展,为电动汽车发展注入了新的活力。目前,能量型锂离子动力电池的能量密度能够达到 150 W · h/kg 以上,分别是铅酸电池和镍氢电池的 3 倍和 2 倍,电池组寿命达到 10 年或 20 万 km,成本降低至 1 美元/A · h 左右,已具备了产业化的条件。

　　锂离子动力电池具有容量高、比能量高、循环寿命长、无记忆效应等优点,因而成为当前电动汽车用动力电池技术研究开发的主要方向。随着锂离子动力电池技术的不断发展,其在电动汽车上的应用前景被汽车企业普遍看好,在近两年国际车展上各大汽车公司展出的绝大多数纯电动汽车和混合动力汽车都采用了锂离子动力电池。

　　特斯拉公司将便携式电子设备用 18650 型锋锂子电池直接应用到 Roadster 电动跑车电池组中。这种新型电池组采用 6 831 只 18650 型电池串并联,具有 53 kW · h 能量,峰值功率达到 200 kW。

　　不同类型的动力电池性能、价格具有明显差异,能适应不同的消费层次和满足不同的需要。铅酸电池、镍氢电池、锂离子电池在未来一段时间内仍将是国内外电动汽车用动力电池的主要类型,会共同占有电动汽车用动力电池的市场,燃料电池、锌空气电池、超级电容和超高速飞轮等以其独特的优势在经过一系列技术革新和发展后也将在一些特定的领域逐步得到应用和推广。

（二）我国动力电池的发展现状

　　在我国,权威部门对动力电池的测试结果表明,我国研制的动力电池的功率密度和能量密度实测数据达到了同类型电池的国际先进水平,电池安全性能也有了很大提高。镍氢动力电池荷电保持能力大幅度提升,常温搁置 28 天,荷电保持能力可达 95％以上;新型锂离子动力电池功率密度可达到 2 000 W/kg 以上。整体来看,我国动力电池的发展现状可概括为以下几方面。

第一,技术方面,我国已经基本掌握车用动力电池的关键技术。我国动力电池的研发进度和整车基本同步,"十五"期间开展了镍氢电池、锰酸锂氧化物锂离子电池、燃料电池的研发;"十一五"期间加大了磷酸铁锂电池的研发与产业化;"十二五"期间推进三元材料电池的研发与产业化。当前,从技术上来讲,我国研发的镍氢电池、锂离子电池,其关键技术指标已达到国外同类产品的先进水平;锂电池的比能量可达 800～1 000 W·h/kg,比功率可达 500～1 000 W/kg,循环寿命突破 1 000 次,使用寿命可达 5 年,成本低于 3 元/(W·h)。

第二,产品方面,磷酸铁锂电池已经趋于成熟。根据工信部发放的新能源汽车推广目录,我国车用电池绝大多数是磷酸铁锂电池,三元材料的动力电池开始在电动汽车上进行示范应用。例如,比亚迪汽车用的是盐酸铁锂电池,上汽、北汽汽车的电池系统采用磷酸铁锂电池;一汽奔腾示范车采用三元材料电池。

第三,我国已基本建立了比较完善的产业体系,在关键材料、单体电池、电池系统和电池装备、检测仪器等方面均具备一定生产能力。目前我国已成为世界上最大的锂离子电池生产国,在全球市场上与韩国和日本并驾齐驱。根据中国汽车动力电池产业创新联盟数据显示,2020 年,我国动力电池产量累计 83.4 GW·h(见图 1-2),出货量为 80 GW·h,市场规模约为 650 亿元;我国动力电池装车量累计 63.6 GW·h,仅 2020 年 12 月,动力电池装车量就接近 13 GW·h,同比上升 33.4％,呈现较大幅度增长(见图 1-3)。

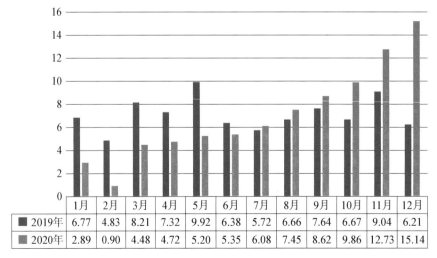

	1月	2月	3月	4月	5月	6月	7月	8月	9月	10月	11月	12月
2019年	6.77	4.83	8.21	7.32	9.92	6.38	5.72	6.66	7.64	6.67	9.04	6.21
2020年	2.89	0.90	4.48	4.72	5.20	5.35	6.08	7.45	8.62	9.86	12.73	15.14

图 1-2　2019—2020 年我国动力电池月度产量数据(GW·h)

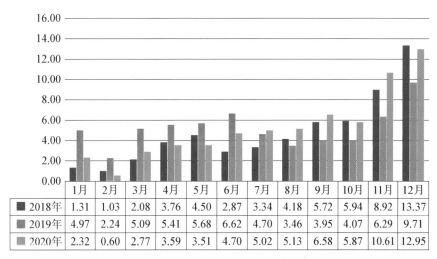

	1月	2月	3月	4月	5月	6月	7月	8月	9月	10月	11月	12月
2018年	1.31	1.03	2.08	3.76	4.50	2.87	3.34	4.18	5.72	5.94	8.92	13.37
2019年	4.97	2.24	5.09	5.41	5.68	6.62	4.70	3.46	3.95	4.07	6.29	9.71
2020年	2.32	0.60	2.77	3.59	3.51	4.70	5.02	5.13	6.58	5.87	10.61	12.95

图 1-3　2018—2020 年我国动力电池月度装车量数据(GW·h)

然而,跟国际上动力电池的发展相比,我们也存在很多问题,如先进材料、电池机理、结构和系统设计等方面的研究和技术相对落后;自动化制造程度比较低,精工艺开发能力比较弱等。电池系统是一项很复杂的技术。我国高端材料供给不足,一致性、良品率、安全性、可靠性、产品性能还不能完全满足市场的要求,企业创新能力总体较弱,优势产能不足,而且面临韩国等国外电池企业的挑战,这些都是当前我国动力电池发展面临的关键问题。

三、动力电池发展趋势

在车用动力源方面,主要有四种技术路线:锂离子电池、氢燃料电池、超级电容和铝空气电池,其中锂离子电池、超级电容和氢燃料电池都已得到了应用,而铝空气电池尚处于实验室研究阶段,四种技术路线优劣势比较见表 1-2。能源补给方面,锂离子电池、超级电容适用于纯电动汽车,但是需要外部充电;而氢燃料电池汽车需要外部氢气加注;铝空气电池则需要补充铝板和电解液。就目前来看,锂离子电池在未来相当长的一段时间内将占据主要发展空间。

表 1-2　四种技术路线优劣势比较

技术路线	优势	劣势	应用
锂离子电池	比能量高 循环性能 无记忆效应 环保无污染	初期购置成本高 充电时间长	用于 300 km 以内的短途纯电动汽车
氢燃料电池	比能量高 功率密度高 环保无污染	系统复杂 氢基础设施建设落后	氢燃料电池环保性能高,适合于客车和重载货车等商用车,且具有行驶里程长的特点

技术路线	优势	劣势	应用
超级电容	功率密度高 充电时间短 使用寿命长	能量密度太低	续驶里程短,不能作为电动汽车的主电源,大多作为辅助电源,用于快速起动装置和制动能量回收装置
铝空气电池	价格便宜 能量密度高 质量轻 体积小	存在空气电极极化和氢氧化铝沉降等问题功率密度低	目前处于实验室阶段

（一）未来汽车发展主流能源——锂离子电池

锂离子动力电池具有高能量密度的关键在于材料,三元材料将成为主流的正极材料体系,石墨与软碳、硬碳等具备不同特性的负极材料混合应用也将成为负极材料的主流体系。另外,石墨烯在我国已经开始进入中期试验阶段,量产后会大幅度提高电池的能量密度水平及寿命。从安全性角度考虑,磷酸铁锂电池要优于其他种类电池;从正极材料来讲,磷酸铁锂材料不仅是研究关注的重点,也是产业化的重点。如果将高镍材料与石墨类材料匹配,同时与薄型改性的隔膜涂层结合,能量密度可以做到 300 W·h/kg;此外从负极材料来讲,石墨类的材料现在已经是很成熟的产品,未来则以硅碳作为研发重点。

（二）未来汽车最理想的能源——燃料电池

燃料电池是将化学能转化为电能的发电装置,不是通常所说的“电池”,其能量的来源主要是依靠不断供给燃料及氧化剂产生,而且能量转换效率高、无污染、寿命长、运行平稳,被业界公认为未来汽车的最佳能源。

（三）充满活力的新型动力电池技术——物理电池

物理电池是依靠物理变化来提供、储存电能的电池统称,如“瞬间充满电的超级电容”“比功率达 5 000～10 000 W/kg 的飞轮电池”等都属于物理电池家族的成员。

1. 超级电容

超级电容是一种介于传统电容与电池之间的电源元件,功率密度高达 300～500 W/kg,是普通电池的 5～10 倍。它主要依靠双电层和氧化还原电容电荷储存电能,其间不发生化学反应,因此被归为物理电池的范畴。相比化学电池,超级电容有三大明显优势:

(1) 反复充、放电次数达十万次(传统化学电池只有几百至几千次),寿命上要比化学电池高出很多。

（2）超级电容在充、放电时的功率密度极高，瞬间可放出大量电能，可满足车辆更加宽泛的电力需求。

（3）工作环境适应能力更佳，通常室外温度在－40～65℃时，超级电容都能稳定正常工作（传统电池一般为－20～60℃）。

2. 飞轮电池

飞轮电池是20世纪90年代提出的一种新概念电池，它利用类似飞轮转动时产生能量的原理实现充、放电。大名鼎鼎的保时捷911 GT3混合动力赛车及保时捷918 Spyder均在两前轮处安装有飞轮电池，飞轮技术将制动所收集的动能转化为电能，并将能量储存于一个飞轮中。在加速过程，该能量将转移至前轮，在提高加速性能的同时减少内燃机的燃油消耗。

由于技术和材料价格的限制，飞轮电池的价格相对较高，在小型场合还无法体现其优势，但在太空、大规模交通运输以及军事方面需要大型储能装置的场合，飞轮电池已得到逐步应用。

本任务介绍了电动汽车动力电池的发展历史、发展现状及未来趋势。

动力电池是为电动汽车提供驱动力的电池，其研发经历了第一代铅酸蓄电池、第二代碱性电池、第三代锂电池、第四代燃料电池。

现在应用广泛的有铅酸蓄电池、镍氢电池、锂离子电池、燃料电池等。铅酸蓄电池的应用历史最长，技术最成熟，成本也最低，已实现批量生产，但是比能量低，所占体积和质量大，且一次充电行驶里程较短，自放电率高，不能满足现代电动汽车的发展需要。镍氢电池具有比功率高、循环功率次数多、无污染、耐过充电和过放电、无记忆效应、使用温度范围宽、安全可靠等优点，但同时自放电率高，高温性能差，过充电和过放电时会排出气体。锂离子电池具有高电压、高比能量、充电寿命长、无记忆效应、无污染、快速充电、自放电效率低、工作温度范围和安全可靠等优点，已成为未来电动汽车较为理想的动力电源，但是目前锂离子电池成本较高，使用时必须有特殊的保护电路，以防止过充电。燃料电池能量密度高且几乎零污染，代表了电动汽车未来的发展方向，也是各国重点研发的领域之一。

不同类型的动力电池性能、价格具有明显差异，能适应不同的消费层次和满足不同的需求。铅酸电池、镍氢电池、锂离子电池和燃料电池在未来一段时间内仍将是国内外电动汽车用动力电池的主要类型，会共同占有电动汽车动力电池的市场。动力电池必将逐步向高能量密度、高功率密度、高充电效率、长寿命、高安全性、低成本、智能化、高可靠性和低能耗的方向发展。

任务练习

一、判断题

1. 目前,镍氢电池是真正的化学发电装置,是最为环保的动力电池。　　　　　(　)

2. 燃料电池具有比能量低、充电时间长、无记忆效应且安全可靠的特点。　　　(　)

3. 未来一段时间,铅酸电池、镍氢电池、锂离子电池和燃料电池在国内仍是主要的电池类型。(　)

4. 铅酸蓄电池具有无记忆效应、成本低廉、原材料易获得等优点。　　　　　　(　)

5. 三元材料动力锂电池开始在我国电动汽车上示范应用。　　　　　　　　　(　)

6. 动力电池的能量密度是影响电动汽车续驶里程的关键因素。　　　　　　　(　)

二、选择题

1. 雷丁 V60 是目前微型电动汽车市场上唯一一款自主研发采用三厢结构的车型,其配置的动力电池为(　)。【单选题】

   A. 铅酸蓄电池　　　　B. 镍氢电池　　　　　C. 燃料电池　　　　D. 太阳能电池

2. 具有高电压、高比能量、充电寿命长、无记忆效应、无污染、快速充电、自放电效率低、工作温度范围宽和安全可靠等优点的是(　)。【单选题】

   A. 铅酸蓄电池　　　　B. 镍氢电池　　　　　C. 锂离子电池　　　　D. 燃料电池

3. 现代汽车公司生产的现代 ix35 电动汽车使用的是(　)。【单选题】

   A. 铅酸蓄电池　　　　B. 镍氢电池　　　　　C. 锂离子电池　　　　D. 燃料电池

4. 以下关于各种类型电池的描述,不正确的是(　)。【单选题】

   A. 铅酸蓄电池作为动力电池在电动汽车上的应用至今已有 20 多年,是应用时间最长的动力电池

   B. 镍镉电池循环寿命可达 1000 多次,但因其含有镉等重金属,对人体和环境有害而逐渐被镍氢电池取代

   C. 20 世纪 90 年代开始,镍氢电池成为二次电池市场的主流产品,在多种电子产品上广泛应用,并成为混合动力电动汽车(HEV)的主流动力电源

   D. 锂电池不含有镉、汞、铅、锂等重金属,是新一代绿色环保蓄电池,其安全问题解决以后将是最具竞争力的动力电池

5. 采用镍氢电池作为动力电池的混合电动车或电动车的包括(　)。【多选题】

   A. 丰田普锐斯　　　　B. 美国通用汽车　　　　C. 本田思域　　　　D. 一汽奔腾

三、简答题

简述动力电池的发展历程。

任务 2 电动汽车动力电池基础知识

任务目标

1. 了解动力电池的主要类型。
2. 理解动力电池的基本组成及工作原理。
3. 掌握动力电池的基本参数及应用要求。

任务导入

某职业院校新能源汽车技术专业的学生已完成电池的发展史学习。现两位学生针对动力电池包的内部结构产生了争议,甲认为动力电池包内单体电池之间是并联关系,乙认为动力电池包内单体电池之间是串联关系。请学习电动汽车动力电池包相关知识,整理出动力电池包中单体电池相互之间的关系,并对他们的观点进行判定。

知识储备

动力电池是电动汽车的核心部件,影响着电动汽车的动力性能、续驶能力和安全性。动力电池技术也一直是制约电动汽车发展的关键因素。本任务主要介绍动力电池的类型、基本组成与工作原理、性能指标与应用要求等,帮助学生全面了解动力电池的基本知识。

一、动力电池的类型

新能源汽车使用的动力电池品类繁多,形状各异,其分类方法有很多,按照不同的分类方法可以分成不同的类型,如图 1-4 所示。

(一) 按照电池的工作性质及使用特征分类

按电池的工作性质及使用特征分类,动力电池一般可分为一次电池、二次电池、储备电池和燃料电池四类。

电池类型与结构

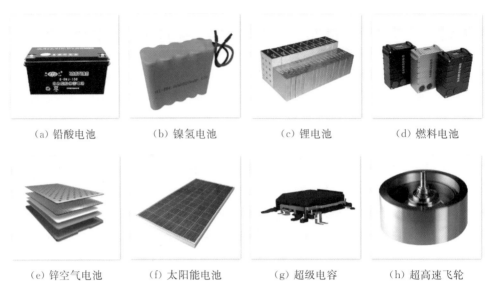

（a）铅酸电池　　　（b）镍氢电池　　　（c）锂电池　　　（d）燃料电池

（e）锌空气电池　　　（f）太阳能电池　　　（g）超级电容　　　（h）超高速飞轮

图 1-4　电池类型

1. 一次电池

一次电池又称"原电池"或者"干电池"，是指放电后不能用充电的方法使它复原的电池，即该类电池只能使用一次，放电后电池只能废弃。这类电池不能再充电的原因，或是电池反应本身不可逆，或是可逆反应受到条件限制，如锌锰干电池、锌汞电池、银锌电池等。

2. 二次电池

二次电池又称"蓄电池"，是指放电后可以用充电的方法使活性物复原而能再次放电，且可反复循环使用的一类电池。这类电池实际上是一个化学能量储存装置，用直流电将电池充足，使电能以化学能的形式储存在电池中。放电时，化学能再转换为电能。铅酸蓄电池、镍镉电池、镍氢电池和锂离子电池等都是二次电池。

3. 储备电池

储备电池又称"激活电池"，这类电池的正、负极活性物质和电解液不直接接触，使用前临时注入电解液或用其他方法激活电池。这一电池的正、负极活性物质因与电解液隔离，基本不会发生化学变质或者自放电，因此电池能长时间储存，如镁银电池、钙热电池和铝高氯酸电池等。

4. 燃料电池

燃料电池又称"连续电池"，即只要活性物连续注入电池，就能长期不断地连续放电的一类电池。其特点是电池自身只是一个载体，不存储任何电能。当需要电能时将反应物从外部送入电池中即可,如氢燃料电池、肼空气燃料电池等。

需注意,上述分类方法并不代表某一种电池体系,只能分属一个类型,换言之,在生产和应用中,可以根据需要将某一种电池体系设计成不同类型的电池。例如银锌电池,既可以设计成一次电池,又可以设计成二次电池或者储备电池。

（二）按照电池的反应原理分类

按电池的反应原理,可以将电池分为化学电池、物理电池和生物电池三大类。

1. 化学电池

化学电池利用物质的化学反应发电,按照工作性质,化学电池可分为原电池、蓄电池、燃料电池和储备电池;按照电解质不同,可分为酸性电池、碱性电池、中性电池、有机电解质电池、非水无机电解质电池和固体电解质电池等;按照电池的特性,可分为高容量电池、密封电池、高功率电池、免维护电池和防爆电池等。

2. 物理电池

物理电池是利用光、热、物理吸附等物理能量发电的电池,如太阳能电池、超级电容和超高速飞轮电池等。在物理电池领域中,超级电容器也应用于纯电动汽车和混合动力电动汽车中。

3. 生物电池

生物电池是利用生物化学反应发电的电池,如微生物电池、酶电池和生物太阳能电池等。生物燃料电池在车用动力电池中应用前景也十分广阔,以氢为燃料的燃料电池和氰化物燃料电池的研发已进入重要发展阶段。

（三）按照电池的应用分类

国家汽车行业 2006 年颁布的标准中将动力电池按照其应用分为两种不同的类型:能量型电池和功率型电池,如图 1-5 所示。

動力電池分類

　（a）能量型动力电池　　　　（b）功率型动力电池

图 1-5　按电池应用分类

1. 能量型电池

能量型电池指以高能量密度、高容量为特点,单位时间内输出电量多,能够给车辆提供较高的续驶里程,但是最大放电电流较低。

2. 功率型电池

功率型电池指以高功率密度为特点,单位时间内产生的电功率较高,其提供的电磁转矩较大,能够给车辆提供较高的转速,支持较大的最大持续与最大瞬间放电电流,但电池容量相对较低。

理论上这两种电池分别适应于纯电动车和混合动力电动车,但实际上并无法进行严格意义的区分,例如,对于同样的 100 A·h 电池,用于插电式混合动力(PHEV)汽车上,既可以以高能量输入为特点,同时也具有高功率输入、输出的特性,因此,不能将其严格归为能量型或功率型。同样的电池可以用于纯电动车,也可以用于混合动力电动车,但其不能同时既为能量型或功率型。所以,2010 年"十二五"国家"863"计划重大项目课题申请指南中,提出了"能量功率兼顾型"电池这一概念。

(四)按电池所用正负极材料分类

1. 锌系列电池

以金属锌为负极材料的化学电源称为锌系列电池。金属锌具有容量高、资源丰富等优点。目前已广泛应用的锌系列电池有锌锰电池、锌银电池等。锌系列电池的主要特征为:

(1)锌负极活性物质的组成特征:一次电池、储备电池、锌空气燃料电池直接采用单质或合金锌这种充电态负极形式;蓄电池多采用氧化锌这种放电态负极形式。

(2)锌负极的电极结构特征:一次电池采用锌箔和锌粒;储备电池采用电沉积锌粉干压或湿压成箔式,或直接电沉积锌箔;蓄电池多采用粘结式氧化锌负极结构。

金属锌作为中低功率原电池负极材料已经广泛应用于酸性、中性、碱性锰锌干电池,其作为高中低功率蓄电池负极材料,虽然循环寿命有限,但也已经在锌银蓄电池中实现工业化应用。

2. 镍系列电池

镍系列电池是指采用金属作为负极活性物质,氢氧化镍作为正极活性物质的碱性蓄电池。正、负极材料分别填充在穿孔的附镍钢带(镍带中),经拉浆、滚压、烧结、化成或涂膏、烘干、压片等方法制成极板;用聚酰胺非织布等材料作为隔离层;用氢氧化钾水溶液作为电解质溶液;电极卷绕或叠合组装在塑料或镀镍钢壳内。镍系列电池的标称电压为 1.2 V,有圆柱密封式(KR)、扣式(KB)、方形密封式(KC)等多种类型,具有使用温度范围宽、循环和储存寿命长、能以较大电流放电等特点,但存在"记忆"效应,常因规律性的不正确使用造成电池电性能下降。

　　大型袋式和开口式镍系列电池主要用于铁路机车、矿山、装甲车辆、飞机发动机等作为起动或应急电源。圆柱密封式镍系列电池主要用于电动工具、剃须器等便携式电器。小型扣式镍系列电池主要用于小电流、低倍率放电的无绳电话、电动玩具等。由于废弃镍电池对环境的污染,该系列电池将逐渐被性能更好的金属氢化物电池取代。

3. 铅系列电池

　　铅酸电池(VRLA),是一种电极主要由铅及其氧化物制成,电解液是硫酸溶液的蓄电池。铅酸电池放电状态下,正极主要成分为二氧化铅,负极主要成分为铅;充电状态下,正负极的主要成分均为硫酸铅。

　　铅蓄电池的优点是工作电压平稳、使用温度及使用电流范围宽、充放电循环次数多、储存性能好(尤其适于干式荷电储存)、造价较低,目前广泛应用于汽车、火车、拖拉机、摩托车、电动车以及通信、电站、电力输送、仪器仪表、UPS 电源和飞机、坦克、舰艇、雷达系统等领域。但其缺点是比能量(单位重量所蓄电能)小,而且会对环境造成污染。2019 年 1 月,我国 9 部门联合印发《废铅蓄电池污染防治行动方案》,整治废铅蓄电池非法收集处理环境污染,落实生产者责任延伸制度,提高废铅蓄电池规范收集处理率。

4. 锂系列电池

　　锂系列电池分为动力锂电池和锂离子电池。手机和笔记本电脑使用的都是锂离子电池,锂离子电池一般采用含有锂元素的材料作为电极,是现代高性能电池的代表。而真正的锂电池由于危险性大,很少应用于日常电子产品中。

　　锂电池是一种二次电池,它主要依靠锂离子在正极和负极之间移动来工作。在充放电过程中,Li^+ 在两个电极之间往返嵌入和脱嵌:充电时,Li^+ 从正极脱嵌,经过电解质嵌入负极,负极处于富锂状态;放电时则相反。锂电池具有电压高、工作温度范围宽、比能量大、循环寿命长、自放电小等优点,其缺点是生产成本高、使用条件有限制且高低温使用危险性较大等。

5. 二氧化锰系列电池

　　二氧化锰电池是以锌、镁、锂等金属为负极、二氧化锰为正极的系列电池。电解液采用碱性的 KOH 水溶液,所以叫作碱性二氧化锰电池。由于该系列电池电解液与中性电池不同,电池反应也不同,其综合性能比中性电池更好,而且既可以做成一次电池,也可以做成二次电池。

　　二氧化锰电池结构简单,所使用的原材料来源丰富,所以其成本低、价格便宜,而且使用方便,不需维护,便于携带。由于这些优点,与其他电池系列相比,碱性二氧化锰电池在民用方面具有很强的竞争力,被广泛地应用于信号装置、仪器仪表、通信、计算器、照相机闪光灯、收音机、BP 机、电动玩具及钟表、照明等各种电器用具的直流电源。

6. 空气（氧气）系列电池

空气（氧气）电池是新一代绿色二次电池的代表之一，包括锌空气电池、铝空气电池、锂空气电池和镁空气电池等，具有成本低、无毒、无污染、比功率高、比能量高等优点，是替代传统电池的理想产品。但目前大多数的金属空气电池都存在电极的腐蚀及自放电现象，直接影响电极的电势。为解决这一问题，需要注意：

（1）选用合理的电极材料和制造工艺。

（2）合理地配置电解液。金属电极的腐蚀与所处的环境有关，选择合适的电解质溶液能够提高电极的活性，防止电极的钝化和腐蚀。

（3）开发高效的催化剂，提高氧空气电极活性。

二、动力电池的基本组成与工作原理

动力电池主要由动力电池组、动力电池箱体、动力电池辅助装置、电池管理系统和高压维修开关等构成，如图 1-6 所示为北汽 EV160 动力电池的组成。动力电池组由多个模组串联组成，而动力电池模组是由多个电池模块串联组成的一个组合体，如图 1-7 所示，电池模块是由多个并联的单体电池组合而成。电池模块是单体电池在物理结构和电路上连接起来的最小分组，可以作为一个单元替换，该组合的额定电压与单体电池的额定电压相等。而单体电池则是构成动力电池模块的最小单元，可实现电能与化学能之间的直接转换。

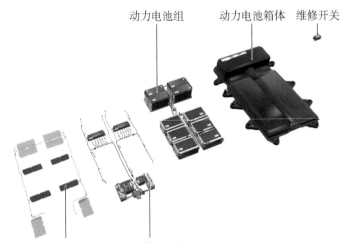

图 1-6　北汽 EV160 动力电池的组成

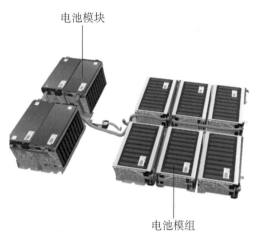

图 1-7 动力电池模块与模组

单体电池的基础理论包括电解质的使用、化学反应的发生以及电池的电动势。下面以常见的化学电池为例介绍电池的结构和原理。

（一）单体电池的基本组成

单体电池主要由正极板、负极板、电解质（电解液）、隔板（隔膜）、外壳及极桩等构成，如图 1-8 所示。

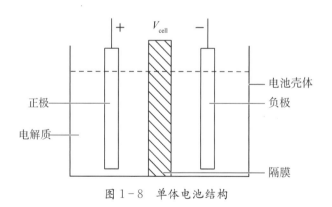

图 1-8 单体电池结构

1. 正极板

正极板是由正极板栅和涂于正极板栅的活性物质组成，它在电池放电时发生还原反应并获得来自外电路的电子。正极板上的活性物质是某种氧化物或硫化物以及一些其他混合物。典型的正极材料有二氧化铅和氢氧化镍等，例如，铅酸蓄电池正极板上的活性物质是二氧化铅，镍镉电池正极板上的活性物质为氧化镍粉等。

2. 负极板

负极板是由负极板栅和涂于负极板栅的活性物质组成的，它在电池放电时发生氧化反应并向外电路释放出电子。负极板的活性物质是某种金属或合金。典型的负极材料有铅和镉等，例如，铅酸蓄电池负极板上的活性物质为海绵状纯铅，镍镉电池负极板上的活性物质为氧化镉粉等。

3. 电解质

电解质是使电池正负极之间具有离子导电性的介质。电解质在电极发生反应时应具有较高的离子导电性，同时还必须对电子绝缘，以免在电池内部发生自放电。电解质的材料一般是液体、胶体或者固体，它可以是酸性的，也可以是碱性的，取决于电池的类型。传统的铅酸电池、镍镉电池使用的是液体电解质。以铅酸蓄电池为例，它的电解质是硫酸溶液（H_2SO_4＋水）。电动汽车的先进动力电池如密封式铅酸蓄电池、镍氢电池、锂离子电池，其电解质一般是胶体、糊剂或者树脂。而锂聚合物动力电池使用的是固态电解质。

4. 隔板（隔膜）

在铅酸蓄电池中，两极板之间需插入隔板以防止正、负极板相互接触发生短路，隔板材料包括木质、橡胶、微孔橡胶、微孔塑料、玻璃等。隔膜是一层具有电绝缘特性的物质，具有使电解质中离子通过及储存、固定电解质的功能。目前动力电池所用的隔膜都是由高分子聚合物制成的。例如，市场上商业化的锂电池隔膜主要是以聚乙烯（PE）和聚丙烯（PP）为主的微孔聚烯烃隔膜，这类隔膜因其成本较低、力学性能良好、化学稳定性优异及电化学性能稳定等优点而被广泛应用于锂电池隔膜中。实际应用中，隔膜又分为单层 PP 或 PE 隔膜、双层 PE/PP 复合隔膜以及三层 PP/PE/PP 复合隔膜等。

5. 外壳

外壳是电池的容器，具有保护和容纳电池内部正负极板、电解液、隔板等作用，还有密封防尘的功能。电池的外壳材料必须能经受电解质的腐蚀，而且应该具有一定的机械强度。铅酸电池一般采用硬橡胶。碱性蓄电池一般采用镀镍钢材。近年来，由于塑料工业的发展，各种工程塑料诸如尼龙、ABS、聚丙烯、聚苯乙烯等已成为电池壳体常用的材料。

6. 正负极桩

正负极桩是电池正负极板与外部电路的连接点，也称为电极桩。它可以给外部电路提供工作电压。除了上述主要组成部分以外，电池还常常需要导电栅、汇流体、安全阀等零件。

需要注意的是带有不同活性物质和电解液的单体电池提供的电压是不同的，常用的磷酸铁锂电池、镍氢电池、铅酸电池的单体电池的电压分别为 3.2 V、1.2 V 和 2.1 V 左右。

（二）动力电池的工作原理

在动力电池工作时,发生在两极板上的化学反应只有当所产生的电子能够从连接两电极的外电路中通过时才可以持续进行。单体电池中,两极板表面所发生的化学反应产生源源不断的电子,这个过程一般称为氧化还原反应,单体电池正是利用正负极之间的氧化还原反应来完成充放电的。具体过程如下:当无源电路元件连接到电池极桩上时,电池负极释放电子,正极获得电子,从而使外电路中产生电流。在这个过程中,电池放电。当电池放电时,正极从外部电路获得电子,发生还原反应;负极向外电路释放电子,发生氧化反应。若给动力电池提供高于电池端电压的电源,使电流能够反向流入电池中,就完成了给电池充电的过程。当电池充电时,正极向外电路释放电子,发生氧化反应;负极从外电路获得电子,发生还原反应。这就是动力电池的工作原理。

无论哪种类型的化学电池,电池充放电时都会在两极之间发生氧化还原反应,同时伴随着电子的释放与获得。我们可以通过下面的反应式来理解这种氧化还原反应。

$$a\mathrm{A} \underset{\text{放电}}{\overset{\text{充电}}{\rightleftharpoons}} c\mathrm{C} + n\mathrm{E}^+ + ne^- \tag{1-1}$$

电池正极的反应如以式(1-1)所示,当电池充电时,电池正极的物质 A 发生氧化反应,生成物质 C 并同时对外电路释放电子,对电解质释放出阳离子。放电时则正好相反,正极上的材料吸收电子并与离子结合,最终生成物质 A。

$$b\mathrm{B} + n\mathrm{E}^+ + ne^- \underset{\text{放电}}{\overset{\text{充电}}{\rightleftharpoons}} d\mathrm{D} \tag{1-2}$$

电池负极发生的反应如式(1-2)所示,当电池充电时,电池负极的物质 B 与电解质中的阳离子连同外电路的电子共同作用产生不带电的物质 D。电池放电时反应正好相反。

在电动汽车中,动力电池的工作模式是当能量从电池供应到电机产生驱动力时,电池放电;当能量从外部电源存储到电池时,电池充电。

三、动力电池的性能指标与应用要求

（一）性能指标

化学电池品类繁多,性能各异,用来表征其性能的指标有电性能、力学性能、储存性能等,有时还包括使用性能和经济成本。这里重点介绍电动汽车动力电池的电性能及储存性能,如图 1-9 所示。

1. 电压

电池的电压分为电动势、端电压、终止电压、开路电压、工作电压、额定电压、充电电压等。

电池性能

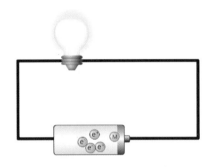

图 1-9　动力电池性能

（1）电动势。

电池的电动势，又称电池标准电压或理论电压，为电池断路时正负两极间的电位差。电池的电动势可以从电池体系热力学函数自由能的变化计算而得。

（2）端电压和终止电压。

电池的端电压是指电池接通负载后两电极之间的有效电压，用 V_1 表示。当电池充满电时，端电压达到最大值，记为 V_{FC}，然后随着放电过程的进行，电池的端电压不断下降。电池必须停止放电的电压值称为终止电压，记为 V_{cut}。电池的端电压与放电状态之间的关系如图 1-10 所示。

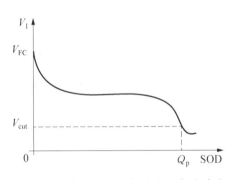

图 1-10　电池端电压与放电状态的关系

（3）开路电压。

电池的开路电压是在开路状态下（即无负荷情况下），电池两电极之间的内电压。开路电压不等于电池的电动势。电池的电动势是从热力学函数计算而得到的，而开路电压则是实际测量出来的，取决于电池的荷电状态、温度、以往充放电历史（记忆效应）等。

（4）工作电压。

工作电压是指电池在某负载下实际的放电电压，通常是一个电压范围。例如，铅酸蓄电池的工作电压为 2.0～1.8 V，镍氢电池的工作电压为 1.5～1.1 V，锂离子电池的工作电压为 3.60～2.75 V。

（5）额定电压。

额定电压（或公称电压），是指该电化学体系的电池工作时公认的标准电压。例如，锌锰干电池为 1.5 V，镍镉电池为 1.2 V，铅酸蓄电池为 2 V。

（6）充电电压。

充电电压是指外电路直流电压对电池充电的电压。一般充电电压要大于电池的开路电压，且通常在一定的范围内。例如，镍镉电池的充电电压为 1.45～1.50 V，锂离子电池的充电电压为 4.10～4.20 V，铅酸蓄电池的充电电压为 2.25～2.50 V。

（7）电压效率。

电压效率是指电池的实际输出电压与电动势的比值，由于电动势只是从热力学角度考虑而获得的一个理论电压值，而电池的实际输出电压涉及反应体系的动力学性质，因此电压效率低于电动势。电压降低的多少由电极反应的电化学极化、浓差极化及体系的欧姆极化决定。要获得较高的电压效率，必须选择具有高电化学活性的物质作为电极活性材料，并发展与之适配的具有高电导率特征的电解质体系，同时，尽量减小体系的固相电阻及接触电阻。

2. 内阻

电池的内阻是指电流通过电池内部时所受到的阻力。充电电池的内阻很小，需要用专门的仪器才能测量到比较准确的结果。一般所说的内阻是指充电态内阻及电池满电时的内阻。由于电池内阻的作用，电池放电时端电压低于电动势和开路电压，充电时端电压高于电动势和开路电压。电池的内阻是化学电源的一个极为重要的参数，它直接影响电池的工作电压、工作电流、输出能量与功率等，对于一个实用的化学电源，其内阻越小越好。因为，电池的内阻越大，电池自身消耗的能量越多，电池的使用效率就越低。

电池内阻不是常数，它在放电过程中随活性物质的组成、电解液浓度和电池温度以及放电时间而变化。电池内阻包括欧姆内阻（R_Ω）和电极在化学反应时所表现出的极化内阻（R_f），两者之和称为电池的全内阻（R_W）。

$$R_W = R_\Omega + R_f \tag{1-3}$$

欧姆内阻主要是由电极材料、电解液、隔膜的内阻及各部分零件的接触电阻组成。它与电池的尺寸、结构、电极的成形方式（如铅酸蓄电池的涂膏式电极与管式电极，碱性蓄电池的有极盒式电极和烧结式电极）及装配的松紧度有关。欧姆内阻遵守欧姆定律。

极化内阻是指化学电源的正极与负极在电化学反应进行时由于极化所引起的内阻。它是电化学极化和浓差极化所引起的电阻之和。极化内阻与活性物质的本性、电极的结构、电池的制造工艺有关，尤其是与电池的工作条件密切相关，放电电流和温度对其影响很大。在大电流放电时，电化学极化和浓差极化均增加，甚至可能引起负极的钝化，极化内阻增加。低温对电化学极化、离子的扩散均有不利影响，故在低温条件下电池的极化内阻也增加。因此，极化内阻并非是一个常数，而是随放电率、温度等条件的改变而改变。

目前常用的蓄电池的内阻包括正负极板的电阻、电解液的电阻、隔板的电阻和连接体的电阻等。

（1）正负极电阻。

目前普遍使用的铅酸蓄电池正、负极板为涂膏式，由铅锑合金或铅钙合金板栅架和活性物质两部分构成。因此，极板电阻也由板栅电阻和活性物质电阻组成。板栅在活性物质内层，充放电时，不会发生化学变化，所以它的电阻是板栅的固有电阻。活性物质的电阻是随着电池充放电状态的不同而变化的。当电池放电时，极板的活性物质转变为硫酸铅（$PbSO_4$），硫酸铅含量越大，其电阻越大。而电池充电时将硫酸铅还原为铅（Pb），硫酸铅含量越小，其电阻越小。

（2）电解液电阻。

电解液电阻视其浓度不同而异，在规定的浓度范围内，一旦选定某一浓度，电解液电阻将随充放电程度而变。电池充电时，在极板活性物质还原的同时电解液浓度增加，其电阻下降；电池放电时，在极板活性物质硫酸化的同时电解液浓度下降，其电阻增加。

（3）隔板电阻。

隔板的电阻视其孔率而异，新电池的隔板电阻趋于一个固定值，但随电池运行时间的延长，其电阻有所增加。因为电池在运行过程中有些铅渣和其他沉积物在隔板上，使隔板孔率有所下降而增加了电阻。

（4）连接体电阻。

连接体电阻包括单体电池串联时连接条等金属的固有电阻、电池极板间的连接电阻，以及正、负极板组成极群的连接体的金属电阻，若焊接和连接接触良好，连接体电阻可视为一固定电阻。

每只电池所呈现的内阻就是上述物体电阻的总和，电池内阻 R_S 与电动势 E、端电压 V_1 及放电电流 I_f 的关系如下：

$$R_S = \frac{E - V_1}{I_f} \tag{1-4}$$

电池内阻较小，在许多情况下常常忽略不计，但电动汽车用动力电池常常处于大电流、深放电工作状态，内阻引起的压降较大，此时内阻对整个电路的影响不能忽略。电池的内阻在放电过程中会逐渐增加，而在充电过程中则逐渐减小。所以，电池在充放电过程中，端电压也会因其内阻的变化而变动。故端电压在放电时低于电池的电动势，充电时又高于电池的电动势。

3. 容量和比容量

（1）容量。

电池完全放电的过程中，电极的通电材料所能释放出的电荷数量称为电池容量，用符号

C 表示,其单位为安·时(A·h)。电池的容量与放电电流的大小和充电放电截止电压有关。电池在工作时通过正极和负极的电量总是相等的。但是,在实际电池的设计和制造中,正、负极的容量一般不相等,电池的容量受容量较小的电极的限制。实际电池中多为正极容量限制整个电池的容量,而负极容量过剩。

表征电池容量特性的专用术语有三个,即理论容量、额定容量和实际容量。

① 理论容量。理论容量指根据参加电化学反应的活性物质电化学当量数计算得到的电量,是根据法拉第定律计算得到的最高理论值。

② 额定容量。额定容量又称保证容量,是指在设计和生产电池时,按照国家或者相关部门颁布的标准,保证在指定放电条件下电池应该放出的最低限度的电量。

为了更好地理解电池的容量,假设一个电池的额定容量为 1 300 mA·h,那么如果它以 130 mA 的电流给电池放电,那么该电池可以持续工作 10 h(1 300 mA·h/130 mA＝10 h);如果放电电流为 1 300 mA,那供电时间就只有 1 h 左右。

③ 实际容量。实际容量指在一定的放电条件下,即在一定的放电电流和温度下,电池在终止电压前所能放出的电量。它等于放电电流和放电时间的乘积,对于实用中的化学电池,其实际容量总是低于理论容量,而通常比额定容量大 10%～20%。电池容量的大小,与正、负极活性物质的数量和活性有关,也与电池的结构、制造工艺和电池的放电条件(电流、温度)有关。影响电池容量因素的综合指标是活性物质的利用率。即活性物质利用得越充分,电池给出的容量也就越高。

(2) 比容量。

比容量是指单位质量或单位体积的电池所能给出的电量,相应地也称为质量比容量或体积比容量。这一概念便于对不同系列电池的性能进行比较。

4. 能量和比能量

(1) 能量。

电池的能量是指电池在一定放电条件下,对外做功所能输出的电能,通常用瓦·时(W·h)表示,它等于电池的放电容量和电池平均工作电压的乘积。电池的能量反映了电池做功能力的大小,也是电池放电过程中能量转换的量度,会对电动汽车的行驶距离产生影响。

衡量电池能量的标准有两个,即理论能量和实际能量。电池在放电过程中始终处于平衡状态,其放电电压保持电动势的数值,而且活性物质的利用率为 100%,即放电容量等于理论容量,在此条件下电池所输出的能量为理论能量,也就是电池在恒温、恒压下理论上所能做的最大功。而实际能量是电池放电时实际输出的能量,它在数值上等于电池实际容量和电池平均工作电压的乘积。由于活性物质不可能完全被利用,而且工作电压总是小于电池的电动势,所以电池的实际能量总是小于理论能量。

（2）比能量。

比能量即电池的能量密度，是指单位质量或单位体积的电池所能输出的能量，相应地称为质量能量密度（W·h/kg）或体积能量密度（W·h/L）。在电动汽车应用方面，蓄电池质量能量密度影响电动汽车的整车质量和续驶里程，而体积能量密度影响蓄电池的布置空间。因而能量密度是评价动力电池能否满足电动汽车应用需要的重要指标。同时，能量密度也是比较不同种类和类型电池性能的一项重要指标。

能量密度也分为理论能量密度和实际能量密度。理论能量密度对应于理论能量，是指单位质量或单位体积电池反应物质完全放电时理论上所输出的能量。实际能量密度对应于实际能量，是单位质量或单位体积电池反应物质所能输出的实际能量。由于各种因素的影响，电池的实际能量密度远小于理论能量密度。

动力电池在电动汽车的应用过程中，由于电池组安装需要相应的电池箱、连接线、电流电压保护装置等元器件，因此，实际的电池组比能量小于电池比能量。电池比能量与电池组比能量之间的差距越小，电池的成组设计水平越高，电池组的集成度越高。因此，电池组的质量比能量常常成为电池组性能的重要衡量指标。一般而言，电池组的质量比能量比电池的比能量低 20％以上。

5. 电能效率

电能效率是指电池的能量输出效率，是电池放电时输出的能量与充电时输入的能量之比，影响能量效率的因素是电池的内阻，它使电池充电电压增加，放电电压下降，造成电池能量的损耗。电池及电池组的内阻越小，无用的热耗就越小，输出效率就越大。

6. 功率和比功率

电池的功率是指在一定的放电条件下，电池在单位时间内所输出的能量。单位是瓦（W）或千瓦（kW）。电池的单位质量或单位体积的功率称为电池的比功率，它的单位是瓦/千克（W/kg）或瓦/升（W/L）。如果一个电池的比功率较大，则表明在单位时间内，单位质量或单位体积中给出的能量较多，即表示此电池能用较大的电流放电。因此，电池的比功率也是评价电池性能优劣的重要指标之一。

7. 荷电状态

荷电状态（state of charge，SOC），又称剩余电量，是指电池当前还有多少电量。常取其与额定容量或实际容量的比值，称荷电程度，是人们在使用中最关心的，也是最不易获得的参数，人们试图通过测量内阻、电压、电流的变化等推算荷电量，做了许多研究工作，但直到目前，任何公式和算法都不能得到统计数据的有效支持，指示的荷电程度总是非线性变化的。

8. 储存性能和自放电

电池的储存性能是指电池在开路时，一定条件下（如湿度、温度等）储存一定时间后主要性能参数的变化,包括容量的下降、外观情况有无变化或渗液现象。对于电池的储存性能,国家标准有明确规定。

对于所有的化学电池,即使在与外部电路没有接触的条件下开路设置,经过干储存(不带电解液)或湿储存(带电解液)一定时间后,其容量会自行降低,这个现象称自放电,也称为荷电保持能力。

电池在储存期间,虽然没有放出电能,但是在电池内部总是存在着自放电现象。即使是干储存,也会由于密封不严,进入水分、空气及二氧化碳等物质,使处于热力学不稳定状态的部分正极和负极活性物质构成微电池腐蚀机理,自行发生氧化还原反应而白白消耗掉。如果是湿储存,更是如此,长期处在电解液中的活性物质也是不稳定的。负极活性物质大多是活泼金属,都会发生阳极自溶。酸性溶液中,负极金属是不稳定的,在碱性溶液及中性溶液中也不是十分稳定。

电池自放电的大小,用自放电率来衡量,一般用单位时间内容量减少的百分比表示,即

$$自放电率 = \frac{C_0 - C_t}{C_0} \times 100\% \tag{1-5}$$

式中,C_0 表示储存前电池容量,单位是 A·h;C_t 表示储存后电池容量,单位是 A·h;t 表示储存时间,用天、周、月或年表示。

9. 寿命

电池的寿命分为储存寿命、使用寿命和循环寿命。

(1) 储存寿命。

储存寿命指从电池制成到开始使用之间允许存放的最长时间,以年为单位。包括储存期和使用期在内的总期限称电池的有效期。电池的储存寿命分为"干储存寿命"和"湿储存寿命",是指针对电池自放电大小而言的,并非电池的实际使用期限。电池的真正寿命是指电池实际使用的时间长短,即电池的使用寿命。

对于在使用时才加入电解液的电池储存寿命,习惯上也称为干储存寿命。干储存寿命可以很长。对于出厂前已加入电解液的电池储存寿命,习惯上称为湿储存寿命(或湿荷电寿命)。湿储存时自放电严重,寿命较短,这也是衡量二次电池性能的重要参数之一,湿储存使用寿命越长,电池性能越好。在目前常用的电池中,镍镉电池湿储存使用寿命为2~3年,铅酸蓄电池为3~5年,锂离子电池为5~8年,锌银电池最短,只有1年左右。

(2) 使用寿命与循环寿命。

使用寿命是指电池实际使用的时间长短。对二次电池而言,电池的寿命分充放电循环寿命和湿储存使用寿命两种。充放电循环寿命,是衡量二次电池性能的一个重要参数。经受一次充电和放电,称为一次循环(或一个周期)。在一定的充放电制度下,电池容量降至某

一规定值之前,电池能耐受的充放电次数,称为二次电池的充放电循环寿命。充放电循环寿命越长,电池的性能越好。在目前常用的二次电池中,镍镉电池的充放电循环寿命为500~800次,铅酸蓄电池为200~500次,锂离子电池为600~1000次,锌银电池很短,约100次。

二次电池的充放电循环寿命与放电深度、温度、充放电制式等条件有关。所谓放电深度,是指电池放出的容量占额定容量的百分数。减小放电深度(即"浅放电"),可以大大延长二次电池的充放电循环寿命。

10. 不一致性

动力电池不一致性是指同一规格、同一型号的单体电池组成电池组后,在电压、内阻及其变化率、荷电量、容量、充电接受能力、循环寿命、温度影响、自放电率等参数方面存在的差别。电池的不一致性会导致动力电池组在电动汽车上使用的性能指标达不到单体电池的原有水平,使用寿命可能缩短数倍甚至十几倍,严重影响电动汽车的性能和应用。制造过程中的工艺和材质不均匀的问题以及装车使用时电池组中各个电池的温度、通风条件、自放电程度、电解液密度等方面的差别都会造成电池的不一致性。

(二)应用要求

电动汽车对动力电池的应用要求主要有以下几点。

1. 比能量高

为了提高电动汽车的续驶里程,要求电动汽车上的动力电池尽可能储存较多的能量,但是鉴于电动汽车的重量和空间,要求动力电池具有较高的质量比能量和体积比能量。

2. 比功率大

为了使电动汽车在加速性能、爬坡能力和负载行驶等方面能与燃油汽车竞争,要求电池具有较高的比功率。

3. 充电技术成熟、时间短

充电技术要有通用性,能够实现无线充电,在充电时间上能够实现快速充电。

4. 连续放电率高、自放电率低

电池能够适应快速放电的要求,自放电率要低,电池能够长期存放。

5. 适应车辆运行环境

电池能够在常温条件下正常稳定地工作,不受环境温度的影响,不需要特殊的加热、保温系统,能够适应电动汽车行驶时的振动。

6. 安全可靠

电池应干燥、洁净,电解质不会渗漏腐蚀接线柱、外壳;不会引起自燃或者燃烧,在发生

碰撞等事故时,不会对乘员造成损伤。废电池能够回收处理和再生利用,电池中有害金属能够集中回收处理。电池组可以采用机械装置进行整体快速更换,线路连接方便。

7. 寿命长,免维护

电池的循环寿命不应低于1000次,在使用寿命限定时间内,不需要进行维护和修理。美国能源部(DOE)/新生代汽车联合体(PNGV)对混合动力车用动力电池的性能要求见表1-3。

表1-3　美国能源部(DOE)/新生代汽车联合体(PNGV)对混合动力车用动力电池的性能要求

性能	并联式(最小值)	串联式(最小值)
放电脉冲功率(18 s)/kW	25	65
充电脉冲功率(10 s)/kW	30	70
总能量/(kW·h)	0.3	3.0
最低效率(%)	90	95
使用年限/年	10	10
最大质量/kg	40	65(+10 kg/(kW·h)超过3 kW·h)
操作电压范围/V	300～100	300～100
操作温度范围/℃	-40～52	-40～52
最大允许自放电/kW·h·d^{-1}	50	50

相应地,随着我国新能源汽车行业的不断发展,对新能源汽车电池的标准也在不断更新,图1-11所示为目前我国动力电池方面的一些国家标准。

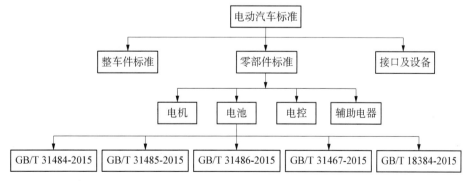

图1-11　我国电动汽车电池行业标准

动力电池的类型很多,但充放电时的电化学基本原理和基本结构相似,相关的评价参数也基本相同。通过本部分的学习,对动力电池有了基本的了解,为后续内容的学习打下基础。

任务小结

　　本部分主要介绍了动力电池的类型、组成、工作原理、性能指标及应用要求。

　　动力电池有多种的分类方式,分别是按照电池的工作性质及使用特征分类、按照电池的反应原理分类、按照电池的应用分类、按照电池所用正负极材料分类。按照电池的工作性质及使用特征分类分为:一次电池、二次电池、储备电池、燃料电池;按照电池的反应原理分类分为:化学电池、物理电池、生物电池;按照电池的应用分类分为:能量型电池、功率型电池;按照电池所用正负极材料分为:锌系列电池、镍系列电池、铅系列电池、锂系列电池、二氧化锰系列电池、空气(氧气)系列电池。

　　在动力电池工作时,发生在两极板上的化学反应只有当所产生的电子能够从连接两电极的外电路中通过时才可以持续进行。单体电池中,两极板表面所发生的化学反应产生源源不断的电子,这个过程一般称为氧化还原反应,单体电池正是利用正负极之间的氧化还原反应来完成充放电的。

　　化学电池品类繁多,性能各异,用来表征其性能的指标有电性能、力学性能、储存性能等,有时还包括使用性能和经济成本。本任务重点介绍电动汽车动力电池的电性能及储存性能,包括电压、内阻、容量和比容量、能量和比能量、电能效率、功率和比功率、荷电状态、储存性能和自放电、寿命、不一致性等参数。

　　为了保证动力电池能够正常工作,动力电池需要满足比能量高、比功率大、充电技术成熟且时间短、连续放电率高且自放电率低、适应车辆运行环境、安全可靠、寿命长、免维护等基本性能。

任务练习

一、 判断题

1. 动力电池的基本构成包括电压、内阻、电解质和隔膜等。　　　　　　　　(　)

2. 铅酸蓄电池属于二次电池,且只能用作二次电池。　　　　　　　　　　(　)

3. 影响电动汽车行驶速度的是动力电池的容量。　　　　　　　　　　　　(　)

二、 选择题

1. 以下哪种电池与其他三种电池不属于同一类型(　　)。【单选题】

A. 生物电池　　　　　　　　　　B. 太阳能电池

C. 燃料电池　　　　　　　　　　D. 储备电池

2. 能够表征实际电池反应的最大限度,即对电池对活性物质的利用率的概念是(　　　)。【单选题】

A. 额定电压　　　　　　　　　　B. 电压效率

C. 反应效率　　　　　　　　　　D. 比能量

3. 直接影响电池的工作电压、工作电流、输出能量与功率等的动力电池参数是(　　　)。【单选题】

A. 内阻　　　　　　　　　　　　B. 寿命

C. 电压　　　　　　　　　　　　D. 功率

三、简答题

1. 简述车用电动汽车动力电池的工作原理。

2. 动力电池常用的基本参数有哪几项?

3. 电动汽车对动力电池的要求有哪些?

项目二 常见动力电池结构及应用

项目概述

随着汽车保有量的不断增加,给人们生活出行带来无限便利的同时,却迎来了石化燃料所带来的环境污染、能源危机等全球性难题。用动力电池替代石化燃料发展电动汽车是目前解决这些问题的有效途径。

随着电动汽车的发展,动力电池的技术不断成熟,类型不断增多。不同类型的动力电池性能、价格具有明显差异,能适应不同的消费层次和满足不同的需求。目前,国内外研究开发的电动汽车用动力电池主要包括铅酸蓄电池、镍氢电池、锂电池、锌空气电池、燃料电池、超高速飞轮电池等,本项目主要介绍目前常见电动汽车动力电池的结构及其应用。

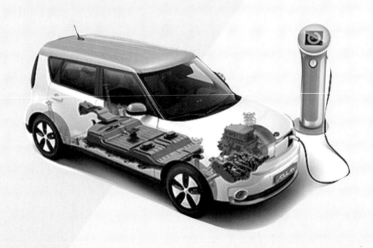

任务 1　铅酸动力电池结构及应用

任务目标

1. 了解铅酸蓄电池的类型及特点。
2. 了解铅酸蓄电池的结构与储能原理。
3. 了解铅酸蓄电池的性能及影响因素。
4. 熟悉铅酸蓄电池的应用及回收。

任务导入

　　某职业院校新能源汽车技术专业组织一场"汽车跑起来"的竞赛。学生 4 人为一组做一辆赛车,要求其成本低且有一定的续驶里程。A 组学生觉得铅酸电池电压稳定、价格便宜、维护简单,准备用铅酸电池来完成赛车制作;B 组学生觉得干电池价格最优惠准备选用锌锰干电池来完成赛车的制作。那么,假设你是 C 组的学生,你会选用哪种电池作为赛车的动力源? 请完成铅酸动力电池的相关知识学习,做出相应选择并完成赛车的电池方案设计。

知识储备

一、铅酸动力电池的类型与特点

　　铅酸电池的发明距今已有一百多年,在当前所有化学电源中,其生产规模最大,单就起动蓄电池而言,在全世界年产量达 10 亿只之多,每年生产铅酸电池消耗的铅约 200 万 t,占全年全球铅总产量的一半以上。作为发展历史最悠久的动力电池,铅酸电池技术成熟、性能可靠、成本低廉、维护方便,在储能电源、起动电源、车载电源等领域仍然应用广泛。

(一)铅酸蓄电池的类型

铅酸蓄电池按照不同的分类方式可以分为不同的类型,这里主要介绍以下几种。

1. 按蓄电池结构分

铅酸蓄电池按照结构不同，分为普通铅酸蓄电池、干荷电铅酸蓄电池、免维护铅酸蓄电池和阀控密封式铅酸蓄电池。

（1）普通铅酸蓄电池。

普通铅酸蓄电池的极板是由铅和铅的氧化物构成的，电解液是硫酸的水溶液。它的主要优点是电压稳定、价格便宜；缺点是比能量低、使用寿命短和日常维护频繁。

（2）干荷电铅酸蓄电池。

干荷电铅酸蓄电池简称为干式荷电蓄电池，它的主要特点是负极板有比 $2\,V$ 铅酸蓄电池较高的储电能力，在完全干燥状态下，能在两年内保存所得到的电量，使用时，只需加入电解液，等过 $20\sim30\,min$ 就可使用。

（3）免维护铅酸蓄电池。

免维护铅酸蓄电池由于自身结构上的优势，电解液的消耗量非常小，在使用寿命内基本上不需要补充蒸馏水。它具有耐振动、耐高温、体积小，自放电率低的特点。使用寿命一般为普通铅酸蓄电池的两倍。市场上的免维护铅酸蓄电池也有两种：一种是在购买时一次性加电解液以后使用中不需要添加补充液；另一种是电池本身出厂时就已经加好电解液并封死，用户根本不能再加补充液。

（4）阀控密封式铅酸蓄电池。

阀控密封式铅酸蓄电池（VRLA）在使用期间不用加酸加水维护，电池为密封结构，不会漏液，也不会排酸雾，电池盖上设有溢气阀（也称安全阀），该阀的作用是当电池内部气体量超过一定值，即当电池内部气压升高到一定值时，溢气阀自动打开，排出气体，然后自动关闭，防止空气进入电池内部，其具体结构如图 2-1 所示。

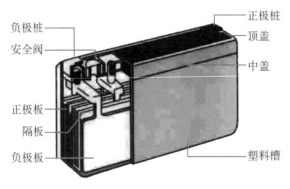

图 2-1　VRLA 电池结构

阀控密封式铅酸蓄电池分为自动启停（AGM）电池和胶体（GEL）电池两种。

自动启停（AGM）电池采用吸附式玻璃纤维棉（absorbed glass mat）作为隔膜，电解液吸附在极板和隔膜中,电池内无流动的电解液,电池可以立放工作,也可以卧放工作。VRLA电池因其全密封,不会漏酸,而且在充放电时不像老式铅酸蓄电池会有酸雾放出而腐蚀设备、污染环境,所以从结构特性上人们把 VRLA 电池又叫作密封铅酸蓄电池。由于 VRLA 电池从结构上看,还有一个可以控制电池内部气体压力的阀,所以 VRLA 电池的全称便成了阀控式密封铅酸蓄电池。如无特殊说明,阀控密封式铅酸蓄电池皆指液体(AGM)电池。胶体(GEL)以 SiO_2 作为凝固剂,电解液吸附在极板和胶体内,一般立放工作。

阀控密封式铅酸蓄电池用途广泛,可用在电动工具、应急灯、UPS、电动轮椅、计算机和通信设备等方面。电动汽车使用的动力电池一般是阀控密封式铅酸蓄电池。

2. 按蓄电池用途分

根据铅酸蓄电池用途不同,可分为三种类型:起动式铅酸蓄电池(starter batteries)、牵引式铅酸蓄电池(traction batteries)、固定式铅酸蓄电池(stationary batteries),见表 2-1。

表 2-1　各种电流检测方式特点

类型	常用容量/A·h	正极板	负极板	特点
起动式铅酸蓄电池	5~200	涂膏式	涂膏式	比功率高、比能量高
牵引式铅酸蓄电池	40~1 200	开孔、导线传入	开孔、导线传入	可深度充放电
固定式铅酸蓄电池	40~5 000	板状	涂膏式	比能量较低、自放电率小

上述三类铅酸蓄电池中,起动式铅酸蓄电池由于不能深度充放电,不能用作电动汽车的主电源,一般仅作为低压辅助电源使用;而固定式铅酸蓄电池虽然容量可以做到很大,但是比能量较低,体积和质量很大,不适合车用,一般仅用于不间断电源等位置相对固定的场合;牵引式铅酸蓄电池容量相对较大,可深度充放电,比能量较高,可用作电动汽车主动力电源。

随着铅酸蓄电池技术的不断发展,目前牵引式铅酸动力电池已有很多种类型,如开口式铅酸蓄电池、阀控密封铅酸蓄电池(VRLA)、胶体蓄电池、双极性密封铅酸蓄电池、水平式密封铅酸蓄电池、卷绕式圆柱形铅酸蓄电池、超级蓄电池等。其中,阀控式密封铅酸蓄电池在电动汽车中的应用最为广泛。

(二)铅酸蓄电池的特点

1. 使用寿命长

铅酸蓄电池采用高强度紧装配工艺,能提高电池装配紧度,防止活性物质脱落,提高电池使用寿命;采用低酸密度电解液,可提高电池充电接受能力,增强电池放电循环能力;增多酸量设计,确保电池不会因电解液枯竭而缩短电池使用寿命。因此,固定安装阀控密封防酸雾(GFM)系列蓄电池的正常浮充设计寿命可达 15 年以上(25℃)。

2. 高倍率放电性能优良

铅酸蓄电池的高强度紧装配工艺使得电池内阻极小，大电流放电特性优良，比一般电池的放电性能高 20%以上。

3. 自放电低

铅酸蓄电池采用高纯度原料和特殊制造工艺，自放电很小，室温储存半年以上也无须补电。

4. 维护简单

铅酸蓄电池采用特殊氧气吸收循环设计，克服了电池在充电过程中电解失水的现象，在使用过程中，电解液水分含量几乎没有变化，因此电池在使用过程中完全无须补水，维护简单。

5. 安全性高

铅酸蓄电池内部装有特制安全阀，能有效隔离外部火花，不会引起电池内部爆炸。

6. 安装简捷

铅酸蓄电池立式、侧卧、叠层安装均可，安装时占地面积小，灵活方便。

7. 洁净环保

铅酸蓄电池使用时不会产生酸雾，对周围环境和配套设计无腐蚀，可直接将电池安装在办公室或配套设备房内，无须作防腐处理。

二、铅酸蓄电池结构与储能原理

（一）铅酸蓄电池结构

铅酸蓄电池的外形虽然各异，但主要构成部件相似，都由正负极板、隔板、电解液、溢气阀、外壳等部分组成，其结构如图 2-2 所示。

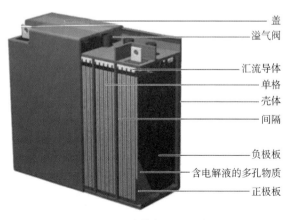

图 2-2　铅酸蓄电池的结构图

1. 极板

极板是铅酸蓄电池的核心部件,它以铅锑合金为骨架,涂有铅膏。经过化学处理后,正、负极板上形成各自的活性物质,正极板上的活性物质是二氧化铅(PbO_2),负极板上的活性物质为海绵状纯铅。

2. 隔板

隔板的功能是隔离正、负极的活性物质,防止短路,其作为电解液的载体,能够吸收大量的电解液,起到促进离子良好扩散的作用;隔板还是正极产生的氧气到达负极板的“通道”,以顺利建立氧循环,减少水的损失。在电池内部,按照正极板—隔板—负极板,然后再重复正极板—隔板—负极板这样的规律构成多层次的结构,它们中间充满电解液,如图 2 - 3 所示。

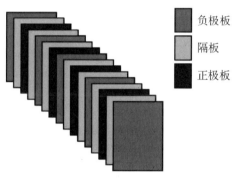

图 2 - 3　铅酸蓄电池隔板

3. 电解液

铅酸蓄电池的电解液均为硫酸,即用蒸馏水和纯硫酸按一定比例配制而成,其主要作用是参与电化学反应。电解液是铅酸蓄电池的活性物质之一。电池槽中装入一定密度的电解液后,由于电化学反应,正、负极板间会产生约 2.1 V 的电动势。

4. 溢气阀

溢气阀位于电池顶部,起到安全、密封、防爆等作用。

5. 电池槽及槽盖

电池槽及槽盖是盛放正、负极板和电解液的容器,即蓄电池外壳。它是整体结构,壳内由隔板分成三格或六格互不相通的单格;其底部有凸起的肋条,用来搁置极板组;肋条间的空隙用来堆放从极板上脱落下来的活性物质,以防止极板短路。槽的厚度及材料直接影响到电池是否膨胀变形。外壳材料一般是用橡胶或工程塑料,如 PVC 或 ABS 槽盖。

(二)铅酸蓄电池储能原理

蓄电池的工作过程就是化学能与电能之间的相互转化过程。铅酸蓄电池使用时,把化学能转化为电能的过程叫放电。在使用后,借助于外部直流电在电池内进行化学反应,把电能转变为化学能而储存起来,这种蓄电过程称作充电。

铅酸蓄电池在放电前,正极板上的二氧化铅电离为四价的铅离子(Pb^{4+})和二价氧离子(O^{2-})。铅离子附着在正极板上,氧离子进入电解液中,使正极板具有2.0 V的正电位。负极板上的纯铅电离为二价铅离子(Pb^{2+})和两个电子($2e^-$),铅离子进入电解液中,电子留在负极,使负极具有-0.1 V的负电位。这样正负极之间有了2.1 V的电位差。

放电时正极板上的四价铅离子与电子结合生成二价铅离子,进入电解液再与硫酸根离子结合生成硫酸铅,附着在正极板上;负极板上,二价铅离子也与硫酸根离子结合生成硫酸铅,附着在负极板上。电解液中的硫酸因氢离子和硫酸根离子的迁移而被消耗掉,生成水,因此放电后电解液的密度是逐渐下降的,如图2-4所示。

铅酸蓄电池电位形成原理

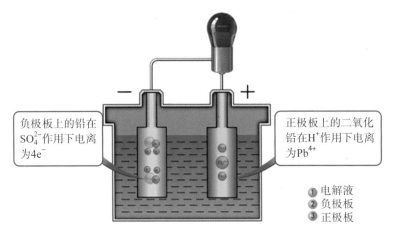

负极板上的铅在SO_4^{2-}作用下电离为$4e^-$

正极板上的二氧化铅在H^+作用下电离为Pb^{4+}

❶ 电解液
❷ 负极板
❸ 正极板

图2-4 铅酸蓄电池的工作原理

放电时正、负极的化学反应式:

正极:

$$PbO_2(固)+4H^+(水溶液)+SO_4^{2-}(水溶液)+2e^- \longrightarrow PbSO_4(固)+2H_2O(液)$$

负极:

$$Pb(固)+SO_4^{2-}(水溶液) \longrightarrow PbSO_4(固)+2e^-$$

充电时,如果把放电后的蓄电池接一个直流电源,使蓄电池正极接直流电源的正极,蓄电池的负极接直流电源的负极,当外电压高于蓄电池的电动势时,电流将以与放电电流相反的方向流过蓄电池,使蓄电池正、负极发生与放电过程正好相反的化学反应。

综上,铅酸蓄电池在充放电时总的化学反应式为:

$$\underset{\substack{\text{正极}\\\text{二氧化铅}}}{PbO_2} + \underset{\substack{\text{电解液}\\\text{硫酸}}}{2H_2SO_4} + \underset{\substack{\text{负极}\\\text{海绵状铅}}}{Pb} \underset{\text{充电}}{\overset{\text{放电}}{\rightleftharpoons}} \underset{\substack{\text{正极}\\\text{硫酸铅}}}{PbSO_4} + \underset{\substack{\text{电解液}\\\text{水}}}{2H_2O} + \underset{\substack{\text{负极}\\\text{硫酸铅}}}{PbSO_4}$$

另外,在充电过程中,可以根据两种反应的激烈程度将充电分为三个阶段:高效阶段、混合阶段和气体析出阶段。

1. 高效阶段

这一阶段主要反应是 $PbSO_4$ 转换成为 Pb 和 PbO_2,充电接受率约为 100%。充电接受率是转化为电化学储备的电能与来自充电机输出的电能之比。这一阶段在电池电压达到 $2.39\,V$/单格(取决于温度和充电率)时结束。

2. 混合阶段

水的电解反应与主反应同时发生,充电接受率逐渐下降。当电池电压和酸液的浓度不再上升时,电池单元即被充满。

3. 气体析出阶段

电池已充满,电池中进行水的电解和自放电反应。由于密封的阀控免维护铅酸电池中,具有氧循环的设计,即正极板上析出的氧在负极板上被还原重新生成水而消失,因此析出气量很小,不需要补充水。

三、铅酸蓄电池的性能及影响因素

(一) 铅酸蓄电池的性能

1. 放电特性

放电是在规定的条件下,电池向外电路输出电能的过程。当铅酸蓄电池接上负载后,在电动势的作用下,电流就会从蓄电池的正极经外电路的设备流向蓄电池的负极,这一过程称为放电。蓄电池的放电过程是将化学能转化为电能的过程。

在铅酸蓄电池不放电的情况下,蓄电池中活性物质微孔中的电解液 H_2SO_4 的密度与极板外的电解液密度相同。铅酸蓄电池开始放电后,活性物质表面的电解液密度立即下降,而极板外的电解液缓慢地向活性物质表面扩散,不能立即补偿活性物质表面电解液的密度,随着放电过程的进行,活性物质表面的电解液密度继续下降,结果导致蓄电池的端电压下降,如图 2-5 中 AB 段所示。

铅酸蓄电池继续放电,在活性物质表面的电解液浓度下降的同时,极板外的电解液向活

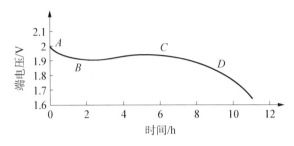

图 2-5 铅酸蓄电池的放电曲线

性物质表面扩散,补充了活性物质表面的电解液并保持了一定的浓度,活性物质表面的电解液的浓度变化缓慢,使蓄电池的端电压也随即保持稳定,如图 2-5 中 BC 段所示。

蓄电池继续放电,极板外的电解液的整体浓度逐渐降低,活性物质表面的电解液浓度也随之降低。又由于电解液和活性物质被消耗,其作用面积不断减小,蓄电池端电压下降,如图 2-5 中 CD 段所示。在放电末阶段,正、负电极上的活性物质逐渐转变为 $PbSO_4$,$PbSO_4$ 的生成使活性物质孔隙率降低,活性物质与 H_2SO_4 的接触更加困难,并且由于 $PbSO_4$ 是不良导体,蓄电池的内阻增加,当蓄电池的端电压达到 D 点后,蓄电池的端电压急剧下降,达到所规定的终止电压。

蓄电池的放电终止电压与放电电流密切相关,大电流放电时,蓄电池的电压下降明显,平缓部分缩短,曲线的斜率很大,放电时间缩短;随着放电电流的减小,蓄电池的电压呈下降趋势,曲线也较平缓,放电时间延长。这种放电特性对蓄电池的正确使用有重要意义。

蓄电池放电终了的特征是:

(1) 单格电池电压降到放电终止电压。

(2) 电解液相对密度降到最小许可值。

2. 充电特性

蓄电池的充电特性是指在恒流充电过程中,蓄电池的端电压 U、暂时电动势 E、静止电动势 E_j 和电解液密度随充电时间的变化关系。

在蓄电池充电开始后,首先活性物质表面的 $PbSO_4$ 转换为 Pb,并在活性物质表面附近生成 H_2SO_4,蓄电池的端电压迅速上升,如图 2-6 AB 段所示。当达到 B 点以后,活性物质表面和微孔内的 H_2SO_4 浓度平缓地增加,蓄电池的端电压上升也比较缓慢,如图 2-6 BC 段所示。随着充电过程继续进行,达到充电量 90% 左右,反应的极化增加,蓄电池的端电压明显再次上升,如图 2-6 CD 段所示,这时蓄电池 D 点以后进行的电解过程,蓄电池的端电压达到 D 点,蓄电池的两极开始大量析出气体。超过 D 点以后进行的电解过程,蓄电池的端电压又达到一个新的稳定值。

充电电流条件会影响蓄电池充电。充电电流越大,活性物质的反应越快,反应生成

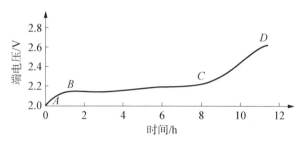

图 2-6　铅酸蓄电池的充电曲线

H_2SO_4 的速度越快,浓度增加越快,蓄电池的端电压上升越快。一般来说,用较大的电流充电时,虽然可以加快充电过程,但能量的损失也较多,在充电终期大部分电能用于产生热量和分解水。另外,用较大的电流充电时,电极上电流的分布不均匀,电流分布多的部分活性物质的反应快,电流分布少的部分活性物质不能充分转化。所以,在蓄电池充电的后期应减小充电电流。另外,蓄电池充电时蓄电池端电压的变化,是随充电时电流变化而变化的,电流大,蓄电池端电压高;电流小,蓄电池端电压低。

蓄电池的充电终了的主要标志是:

(1) 单体电池的端电压升高到 2.7 V 左右而不再升高。

(2) 电解液比重不再增大。

(3) 电解液中出现大量气泡,呈现所谓沸腾状态。

(二) 铅酸蓄电池的充电方法

蓄电池的充电方法可分为常规充电和快速充电两种,常规充电方法主要有恒流充电法、分段电流充电法、恒压充电法、恒压限流充电法等。

恒流充电法是通过调整充电装置输出电压或改变与蓄电池串联的电阻的方式使充电电流保持不变的充电方法。该方法充电控制简单,但由于蓄电池可接受电流的能力是随着充电过程的进行而逐渐下降的,到充电后期,充电电流多用于电解水、产生气体,使析气过甚,此时电能不能有效转化为化学能,多变为热能消耗掉了。

分段电流充电法。在充电过程中,为更有效地利用电能而采用逐渐减小电流的方法。常用的分段电流充电法是二阶段充电法,是恒电流和恒电压相结合的快速充电方法,如图 2-7 所示。首先,以恒电流充电至预定的电压值,然后改为恒电压完成剩余的充电。一般两阶段之间的转换电压就是第二阶段的恒电压。

恒压充电法。充电电源的电压在全部充电时间里保持恒定的数值,随着蓄电池端电压的逐渐升高,电流逐渐减小。与恒流充电法相比,其充电过程更接近最佳充电曲线。用恒定电压快速充电的曲线如图 2-8 所示。这种充电方法电解水很少,避免了蓄电池过充电。但

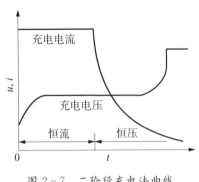

图2-7 二阶段充电法曲线   图2-8 恒压充电法曲线

在充电初期电流过大,对蓄电池寿命造成极大影响,且容易使蓄电池极板弯曲,造成蓄电池报废。恒压充电法很少使用,只有在充电电源电压低而电流大时采用,如汽车行驶过程中,蓄电池是以恒压充电法充电的。

恒压限流充电法。为了克服恒压充电法初期电流过大而使充电设备不能承受的缺点,常采用恒压限流充电法代替恒压充电法。在充电第一阶段,用恒定的电流充电;在蓄电池电压达到一定电压后,维持电压恒定不变,转为第二阶段的恒压充电过程,当充电电流下降到一定值后,继续维持恒压充电约1h即可停止充电。

(三)影响铅酸蓄电池性能的因素

1. 温度对电池性能的影响

铅酸蓄电池在充电和放电时都伴随有热效应。电池热效应可以分为两部分。一部分是产生焦耳热,为克服电池极化和欧姆内阻而产生的电压降,损失的电能将全部转化为热量。如下式所示:

$$Q = \int I(V - E)dt$$

式中,Q 为热量(J);$(V-E)$ 为克服极化和欧姆内阻的电压降(V);I 为充、放电电流(A);t 为充放电时间(s)。

另一部分是根据热力学第二定律的吉布斯-亥姆霍兹(Gibbs-Helmholtz)方程式放热或吸热。由此理论,电池放电时是吸热,充电时是放热。由于有焦耳热存在,在放电时电解液温度并不会真正降低,并且随放电过程的进行,电池内阻增加,电池温度会逐步增加;充电时两种热效应叠加,电池温度也会升高。此外,导致电池温度变化的主要原因是硫酸,其活化性能与温度相关。

温度对铅酸蓄电池的容量和寿命影响很大。电池硫酸电解液的温度高,容量输出则多,电解液的温度低,容量输出则少。造成电池容量输出少的原因除温度降低外,还包括由于温度降低时,硫酸铅在硫酸电解液中的溶解度随之降低,造成极板周围的铅离子饱和,迫使形成致密的硫酸铅结晶。这一致密的结晶阻碍了活性物质与硫酸电解液的充分接触,从而减少铅酸蓄电池的容量输出。

铅酸蓄电池在放电时,如果硫酸电解液温度较高,则会降低极板表面硫酸铅在硫酸电解液中的过饱和度,从而有利于形成疏松的硫酸铅结晶,使之在充电时产生坚固的 $PbSO_2$ 层,延长极板活性物质的使用寿命。铅酸蓄电池在充电时如果电解液的温度过高,则会使电解液的扩散加快,极板板栅的腐蚀加剧,从而缩短铅酸蓄电池的使用寿命。

2. 放电深度对电池循环寿命的影响

放电深度是表示从蓄电池中放出的容量占该电池额定容量的比值大小,通常以放出的容量与电池额定容量之比的百分数表示。例如某蓄电池额定容量为 $200\ A \cdot h$,经放电后容量剩余 $80\ A \cdot h$,实际放出容量为 $120\ A \cdot h$,此时称该蓄电池的放电深度是 60%。根据多数蓄电池厂家的认同和用户的习惯。蓄电池放电深度在 $10\% \sim 25\%$ 为浅循环放电;放电深度在 $30\% \sim 50\%$ 为中等循环放电;放电深度在 $60\% \sim 80\%$ 为深循环放电。根据测算和实际运行经验,较为适中的放电深度是 50%,国外一些有关资料称 50% 的蓄电池循环放电深度为最佳储能－成本系数。

蓄电池的循环寿命主要由电池工艺结构与制造质量决定,但是使用过程中维护工作对蓄电池寿命也有很大影响。首先放电深度对蓄电池的循环寿命影响很大,由于放电深度增加,$PbSO_4$ 溶解度降低,造成极板硫化腐蚀,令使用寿命变短,如图 2-9 所示。其次,统一额定容量的蓄电池经常采用大电流充电和放电,会影响蓄电池寿命。最后大电流充电特别是过充电时,极板活性物质容易脱落,严重时还会使正、负极板短路,大电流放电时,产生的硫酸盐颗粒大,极板活性物质不能被充分利用,长此下去电池的实际容量将逐渐减小,影响电池的使用寿命。

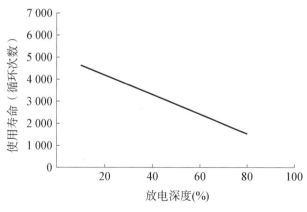

图 2-9　放电深度对蓄电池寿命的影响

四、铅酸蓄电池的应用及回收

（一）铅酸蓄电池的应用实例

铅酸蓄电池发明一百多年来，广泛应用于工业领域，如汽车、摩托车的起动、点火、照明（SLI电池）及通信行业、电力工业的后备电源，铁路内燃机车的牵引电池等。特别是阀控式密封铅酸蓄电池（VRLA），由于其良好的密封性、较高的能量密度、不漏液，以及性价比优势和安全性，成为车载动力的首选。动力性 VRLA 电池已广泛应用于高尔夫车、家庭割草机、电动自行车、电动摩托车、轻型电动车和混合动力电动车等。

1. 电动自行车

在我国，电动自行车是常用代步工具，电池的好坏，决定着电动自行车行业能否走向成熟并保持稳定发展。我国电动自行车的发展自 20 世纪 60 年代以来经历了一番波折，主要原因即电池性能不能满足使用要求。VRLA 电池的出现推动了电动汽车行业的发展。20 世纪 80 年代，VRLA 电池在我国通信行业得到成功应用，成为工业用电池。20 世纪 90 年代末，我国一些企业和高校开始研究将 VRLA 电池作为动力电源应用在电动自行车上并获得成功，其作为民用电池被广泛接受。图 2 - 10 所示为应用动力 VRLA 电池的电动摩托车和电动自行车。

（a）电动摩托车　　　　　　　　　　　　　　　（b）电动自行车

图 2 - 10　应用动力 VRLA 电池的电动摩托车和电动自行车

电动自行车一般配置 3～5 只 12 V/10 A·h 的 VRLA 电池，平均寿命 1 年左右。据中国自行车协会统计，近年来，我国电动自行车年销量超过 3 000 万辆，社会保有量接近 3 亿辆，电池的替换市场非常大。

但是，我国动力 VRLA 电池生产的自动化程度较低，特别是电池组装工序手工操作较多,和国外先进设备相比仍然有很大差距。

2. 电动牵引车

电动牵引车是制造工厂、物流中心等搬运产品的常用运输工具,主要采用富液管式铅酸蓄电池或胶体 VRLA 电池作为动力电源,具有无污染、无噪声的优点。图 2-11 为采用胶体铅酸蓄电池的电动牵引车。

图 2-11　胶体铅酸蓄电池及电动牵引车

3. 低速纯电动车

在二、三线城市和农村地区,以阀控密封铅酸蓄电池为动力电源的低速纯电动汽车,凭借其购车成本和使用成本低、环保低噪、驾驶技术要求低、安全等优点受到人们的欢迎,在我国许多省份,如山东、广东、河南等地有许多低速电动车企业受益于这种需求快速发展起来。

4. 纯电动汽车和混合动力电动汽车

VRLA 电池因其价格低、安全性高、铅的回收率高等成为电动车动力电源的首选。采用铅酸蓄电池作为电源的电动车的典型代表是美国通用汽车公司(GM)的电动汽车 EV-1(图 2-12),该车在 1997 年推出,到 1999 年共制造 1117 辆。当时的 EV-1 时速为 100 km/h,一次充电的续驶里程为 112 km,电池重量 500 kg,电池容量 60 A·h,售价为 33 995 美元。1999 年推出了第二代 EV-1,但由于价格等原因,2004 年 GM 公司终止了 EV-1 计划。

图 2-12　EV-1 电动汽车

5. 电动大客车

株洲时代集团公司研发的 TEG6120EV－2 型电动大客车采用水平铅酸电池为动力源，工作电压为 384 V。该车最高车速 70 km/h，实际工况续驶里程达 90 km，车内有 38 个座位，可承载 64 名乘客。

（二）铅酸蓄电池的回收

1. 蓄电池回收利用流程及方法

（1）利用专用环保车辆将铅酸蓄电池运至熔炼厂仓库。

（2）将电解液导入沉淀池进行药物处理。

（3）拆解废旧电池，将外壳送至塑料回收厂进行专业处理。

（4）分拣隔板，送至专业厂回收处理。

（5）将分拣后的废极板送入大型反射炉冶炼，做成铅锭，循环利用。

（6）冶炼过程中产生的废水流入沉淀池，和电解液一起进行药物处理。

（7）冶炼过程中产生的废烟，经布袋除尘装置处理后，安全排放。

铅酸蓄电池的回收主要采取火法冶金、湿法冶炼、固相电解还原等方法。

2. 国内外铅酸蓄电池回收现状

一些发达国家在废蓄电池回收方面积累了良好的经验。例如丹麦，该国是最早进行旧电池回收的国家。德国主要采用强制规定，只有可以回收的电池才被允许销售，电池厂商有义务处理废旧电池。所以，德国蓄电池回收率较高，2005 年时其回收率就达到 82%。日本对电池回收始终处于世界领先位置，汽车铅酸蓄电池回收率达到 100%。

目前，我国铅酸蓄电池的回收率不足 30%，远远低于世界平均水平 50%。我国铅酸蓄电池回收率低主要是由于铅资源回收市场不规范。我国每年产生的铅酸蓄电池数量已超过330 万 t，而持有危险废物经营许可证的经营单位回收量却不足 30%。从事蓄电池回收的主要有：数以万计的个体私营收购者（约占回收量的 60%）、蓄电池零售商和制造企业、再生铅企业、汽车维修和 4S 店以及物资回收公司和物资再生利用公司等。

 任务小结

本部分主要介绍了铅酸动力电池的特点、类型、结构、储能原理、性能以及铅酸蓄电池的应用及回收。

铅酸电池根据用途可分为起动式铅酸蓄电池、牵引式铅酸蓄电池以及固定式铅酸蓄电池。

铅酸蓄电池的外形虽然各异,但主要构成部件相似,都由正负极板、隔板、电解液、溢气阀、外壳等部分组成。

蓄电池的工作过程就是化学能与电能之间的相互转化过程。铅酸蓄电池使用时,把化学能转化为电能的过程叫放电。在使用后,借助于外部直流电在电池内进行化学反应,把电能转变为化学能而储存起来,这种蓄电过程称作充电。

铅酸蓄电池包含两方面的特性,分别是放电特性、充电特性。放电特性是指在规定的条件下,电池向外电路输出电能的过程。当铅酸蓄电池接上负载后,在电动势的作用下,电流就会从蓄电池的正极经外电路的设备流向蓄电池的负极,这一过程称为放电。充电特性是指在恒流充电过程中,蓄电池的端电压 U、暂时电动势 E、静止电动势 E_j 和电解液密度随充电时间的变化关系。

铅酸蓄电池的充电方法又分为常规充电和快速充电两种,常规充电方法主要有恒流充电法、分段电流充电法、恒压充电法、恒压限流充电法等。

影响铅酸蓄电池性能的因素包含两方面,分别是温度对电池性能的影响和放电深度对电池循环寿命的影响。

铅酸蓄电池的发展历程,依次是电动自行车、电动牵引车、低速纯电动车、纯电动汽车和混合动力汽车、电动大客车。但是基于环保角度考虑,现在用得较少。

在铅酸蓄电池的回收方面,丹麦、德国、日本回收率都比较高。其中最高的是日本,对电池回收始终处于世界领先位置,汽车铅酸蓄电池回收率达到 100%。而我国铅酸蓄电池的回收率只有 25%,远远低于世界平均水平 50%。

一、判断题

1. 目前作为车载动力的铅酸蓄电池大部分是阀控式密封铅酸蓄电池。　　　　（　　）
2. 铅酸蓄电池的使用寿命长、维护简单且安全性高,但其自放电大,需经常补电。（　　）
3. 铅酸蓄电池正极板上的活性物质是硫化铅,负极板上的活性物质是二氧化铅。（　　）
4. 蓄电池充电终了标志之一是电解液比重持续增大。　　　　　　　　　　（　　）

二、选择题

1. 铅酸蓄电池的主要构成部件包括(　　　)。【多选题】
　　A. 隔板　　　　　　　　　　　　　　　B. 正极板
　　C. 负极板　　　　　　　　　　　　　　D. 电解液

2. 最常用的铅酸蓄电池充电方法是( )。【单选题】

   A. 恒流充电法   B. 分段电流充电法

   C. 恒压充电法   D. 恒压限流充电法

3. 以下哪一因素会影响铅酸蓄电池的循环使用寿命？( )。【单选题】

   A. 容量   B. 温度

   C. 放电深度   D. 充电次数

三、 简答题

1. 结合本任务内容,查找相关材料剖析阀控式铅酸蓄电池的优缺点。

2. 简要阐述铅酸蓄电池的结构及其储能原理。

3. 简要阐述铅酸蓄电池在电动汽车上的应用现状。

任务 2　镍系动力电池结构及应用

任务目标

1. 了解镍系动力电池的常见类型。
2. 理解镍氢动力电池的结构与储能原理。
3. 了解镍氢动力电池的性能及检测。
4. 熟悉镍氢动力电池在电动汽车上的应用。

任务导入

　　某职业院校新能源汽车技术专业组织一场"我的第一台电动车"的竞赛。学生 4 人为一组做一辆赛车,要求环保、可充电并有一定的续驶里程。A 组学生觉得镍氢电池无记忆性、可充电,准备用镍氢电池来完成赛车制作;B 组学生觉得铅酸动力电池续驶里程长价格便宜,准备选用铅酸电池完成赛车的制作。请学习镍氢动力电池的相关知识,判断两组选择的适当性。

知识储备

　　镍系动力电池是碱性电池。碱性电池是以氢氧化钾(KOH)等碱性水溶液为电解液的二次电池的总称。根据极板活性物质材料的不同,镍系电池可分为镍镉电池、镍氢电池、铁镍电池等。由于镍镉电池中镉元素的污染问题和对人体的伤害,该类电池正逐步被其他种类电池取代。仅在某些领域,由于其特有的高功率特性和良好的低温性能仍在应用。如在航空领域用作飞机发动机起动及随航备用电源、电力装置开关瞬间分合闸和事故照明电源、铁路系统电力机车供电电源等。镍氢(MH - Ni)电池是在镍镉(Ni - Cd)电池的基础上发展起来的,相比镍镉电池,该种电池技术成熟、功率密度大、环境友好且无记忆效应,是产业化生产的混合动力电动汽车用动力电池的主体,也是至今量产的电动汽车中应用量最大的电池种类。

目前,以储氢合金为负极材料的镍氢电池能够满足混合动力电动汽车所要求的高能量、高功率、长寿命和足够宽的工作温度范围,该类电池目前在混合动力电动汽车尤其是在日系车型中应用广泛。本节主要介绍镍氢动力电池的结构与原理、性能及检测等。

一、镍氢动力电池结构及储能原理

(一) 镍氢动力电池结构

镍氢电池一般有圆柱形和方形两种结构,方形包括塑料壳和金属壳两种。下面分别介绍方形和圆柱形镍氢电池的结构。

1. 方形镍氢电池结构

方形镍氢电池主要由正极、负极、隔膜、碱性电解质、外壳等组成,如图 2 - 13 所示。

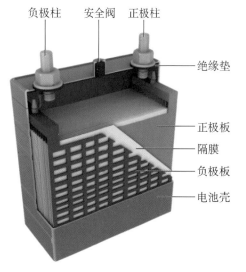

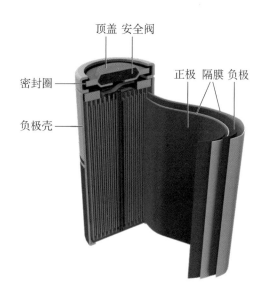

图 2 - 13 MH - Ni 方形电池结构   图 2 - 14 圆柱形 MH - Ni 电池结构

2. 圆柱形镍氢电池结构

圆柱形镍氢电池主要由电池壳体、正极、负极、隔膜、顶盖、安全阀等组成,且圆柱形电池极组一般由单个正极片、负极片、隔膜卷绕形成,其结构如图 2 - 14 所示,有些镍氢电池内部还有集流体。

在应用过程中,由于活性物质的结构变化,电极会发生膨胀,圆柱形电池的耐压程度要远高于方形电池,所以一般圆柱形电池的安全阀开启压力要比方形电池高得多。方形电池在应用中容易发生膨胀,组合应用时需要采取防膨胀措施。

3. 镍氢电池结构特点

镍氢电池正极的活性物质为氢氧化亚镍 $[Ni(OH)_2]$，充电后变为羟基氧化镍 $(NiOOH)$；负极的活性物质为储氢合金 (M)，充电后变为金属氢化物 (MH)；隔膜采用聚丙烯介质，用于储存电解液、导通离子并阻断电池内部正负电极间电子传递；使用以 KOH 为主并少量添加 $NaOH$、$LiOH$ 组成的水溶液为电解液。镍氢电池各组成结构和性能特点具体如下。

（1）正极氢氧化镍。

镍氢电池正极的氢氧化镍 $(Ni(OH)_2)$ 电极，被广泛地应用为 $Cd-Ni$、$Fe-Ni$、$Zn-Ni$ 和 $MH-Ni$ 等碱性蓄电池的正极活性物质。普通的 $Ni(OH)_2$ 颗粒形状不规则，晶粒尺寸分布范围较宽，振实密度约为 $1.6g/cm^3$。高容量碱性蓄电池的迅速发展，对氢氧化镍提出了更高的要求，不但要有高的电化学活性，而且要有高的堆积密度。球形氢氧化镍外表呈球形或者椭圆形，颗粒大小均匀，振实密度为 $1.9\sim2g/cm^3$，具有活性高、流动性好等特点，而且能够显著提高镍电极的体积比容量和电池的比能量。

（2）负极储氢合金。

镍氢电池负极储氢合金具有很强的吸氢能力，在一定压力条件下，能够"吸收"大量氢气，反应生成金属氢化物，同时放出热量。该氢化物在一定条件下又会将储存在其中的氢释放出来。满足以下条件的储氢合金可以作为动力镍氢电池的负极材料：①在碱液中合金组分的化学性质相对稳定；②储氢容量高，平台压力适中；③氢的扩散速率快，具有良好的电催化活性及高倍率放电能力；④有较好的抗氧化、抗吸氢粉化能力，循环寿命长；⑤电化学容量在较宽的温度范围内变化不大；⑥自放电小；⑦资源丰富，成本低廉；⑧导热性好。

（3）电解液。

镍氢电池的电解液多采用氢氧化钾 (KOH) 水溶液，并加入少量的氢氧化锂 $(LiOH)$。

（4）隔膜。

隔膜是电池正负极之间的隔离板，须具备良好的电绝缘性。隔膜在电解液中处于浸湿状态，因此还需具有良好的耐碱性和透气性。隔膜性能的好坏会影响电池的循环寿命和自放电情况。因此在选择隔膜时，应当选用温度范围较宽（$-55\sim85℃$）、厚度较薄、便于气体扩散的材料。目前镍氢电池的隔膜材料多采用多孔维尼龙无纺布或尼龙无纺布等。

（5）集流体。

镍氢电池的集流体主要起保持活性物质和导电的作用，主要材料是泡沫镍。泡沫镍具有 95% 以上的高孔隙率，比表面积大，是三维网状结构，方便活性物质填充，是镍镉电池理想的电极集流体材料。

（6）安全阀。

镍氢电池中的安全阀也称为安全防爆孔，用于完成电池的密封，当电池内部压力过大时安全阀开启,释放气体,降低电池内部压力,提高电池安全性。当镍氢电池过充电时,金属壳内的气体压力将逐渐上升。当该压力达到一定数值后,顶盖上的安全防爆孔打开,可以避免电池因气体压力过大而爆炸。

(7) 电池壳。

电池壳体是电池反应的容器,同时完成电池的密封。

镍氢电池还有用于连接正、负极板的正负极柱以及实现电池极柱与电池壳体之间绝缘的绝缘垫。镍氢电池的正负极柱也是电池与外电路的连接点。

(二) 镍氢动力电池储能原理

镍氢电池正极板的活性物质为氢氧化镍($Ni(OH_2)$),负极板的活性物质为储氢合金(MH),电解液采用 30% 的氢氧化钾溶液,电化学反应如下:

$$\text{负极反应式:} \quad x H_2O + M + x e^- \xrightleftharpoons[\text{放电}]{\text{充电}} x OH^- + MHx \qquad (2-1)$$

$$\text{正极反应式:} Ni(OH)_2 + OH^- \xrightleftharpoons[\text{放电}]{\text{充电}} NiOOH + H_2O + e^- \qquad (2-2)$$

$$\text{电池反应式:} \quad x Ni(OH)_2 + M \xrightleftharpoons[\text{放电}]{\text{充电}} x NiOOH + MH_2 \qquad (2-3)$$

从反应式可以看出,镍氢电池在充、放电过程中,正、负极上在进行电化学反应时不生成任何中间态的可溶性金属离子,也没有电解液的任何成分消耗和生成,因而镍氢电池可以做成密封性结构,并且使用过程中可以免维护。

镍氢电池放电时,正极上 NiOOH 得到电子还原成为 $Ni(OH)_2$,负极金属氢化物(MH_x)内部的氢原子扩散到表面形成吸附态氢原子,接着再发生电化学反应生成水和储氢合金,如图 2-15 所示。在镍氢电池出现过放电时,正极活性物质中

镍氢电池工作
原理

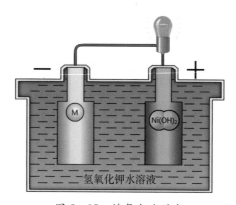

图 2-15　镍氢电池放电

的 NiOOH 已经消耗完了,这时正极上的水分子被还原为氢和 OH⁻ 离子。负极上由于储氢合金的催化作用,使 OH⁻ 离子与氢反应又生成水。

镍氢电池充电时,正极上的 $Ni(OH)_2$ 转变为 NiOOH。由于质子在 NiOOH/$Ni(OH)_2$ 中的扩散系数小,是氢氧化镍电极充电过程的控制步骤。在负极,析出的氢原子吸附在储氢合金表面,形成吸附态 MHab,然后再扩散到储氢合金内部,形成金属氢化物 MH,如图 2-16 所示。原子氢在储氢合金中的扩散速率较慢,扩散系数一般只有 $10^{-8} \sim 10^{-7}$ cm/s。因此,氢原子扩散是储氢合金负极充电过程的控制步骤。过充电时,由于 MH-Ni 电池是正极限容,正极会产生 O_2,并通过隔膜扩散到负极,由于负极电势负,在储氢合金的催化作用下又生成 OH⁻ 离子,总反应为零。因此过充电时,KOH 浓度和水的总量保持不变。

过充电时,正极上析出氧,然后扩散到负极上发生极化反应,生成 OH⁻ 离子。在电池过充电和过放电过程中,正、负极上发生的反应可用下式表示:

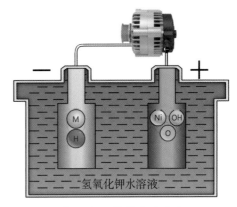

图 2-16 镍氢电池充电

正极:过充电析出氧 $4OH^- \longrightarrow O_2 + 2H_2O + 4e^-$

过放电析出氢 $2H_2O + 2e^- \longrightarrow 2OH^- + H_2$

负极:过充电消耗氧 $2H_2O + O_2 + 4e^- \longrightarrow 4OH^-$

过放电消耗氢 $H_2 + 2OH^- \longrightarrow 2H_2O + 2e^-$

由此可知,镍氢电池充、放电反应中,储氢合金担负着储氢和在其表面进行电化学催化反应的双重任务。在过充电和过放电过程中,由于储氢合金的催化作用,可以消除产生的 O_2 和 H_2,从而使 MH-Ni 电池具有耐过充电、过放电的能力。但随着充放电循环的进行,储氢合金会逐渐失去催化能力,电池的内压会逐渐升高,最终导致电池漏液失效。

二、镍氢动力电池的性能

1. 充电特性

镍氢电池充电特性曲线如图 2-17 所示,该曲线大致可分为三段。

开始时电压上升较快,然后进入稳定阶段。这是由于 $Ni(OH)_2$ 导电性极差,但充电产物 NiOOH 导电性是前者的 10 倍,因而充电刚开始时,电压上升很快。有 NiOOH 生成后,充电电压上升速率降低,电压变得比较稳定。随着充电过程的进行,当充电容量接近电池的额定容量的 75% 左右时,储氢合金中的氢原子扩散速度减慢。由于氧在储氢合金中的扩散

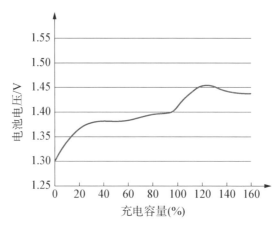

图 2-17　镍氢电池充电特性曲线

速度受负极反应速度限制,以及此时正极开始逐步进入过充电阶段。此时正极析
出的氧会在负极储氢合金表面进行还原、去极化,使负极电位正移,电池温度迅速
升高,加之镍氢电池反应温度系数是负值,因此电池的充电电压会下降。

镍氢电池常用恒流充电的方式进行充电,在充电过程中电池所达到的最高电
压是镍氢电池的一个重要特性。充电最高电压越低,说明电池在充电过程中的极
化就越小,电池的充电效率就越高,电池的使用寿命就可能越长。

2. 放电特性

镍氢电池工作电压为 1.2 V,其放电性能随放电电流、温度和其他因素的改变
而变化,如图 2-18 所示。

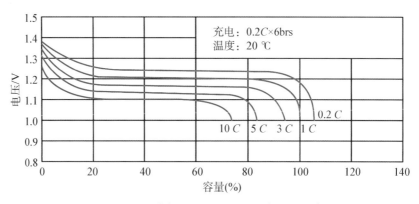

图 2-18　镍氢电池不同放电倍率放电曲线

截止电压一般设定在 0.9~1.0 V,如果截止电压设定得太高,则电池容量不
能被充分利用,反之,则容易引起电池过放电。

3. 容量特性

电池的实际容量虽然受到理论容量的限制,但与实际放电机制和应用工况也密切相关。在高倍率即大电流放电条件下,电池的极化增强,内阻增大,放电电压下降很快,电池的能量效率降低,电池的实际容量一般都低于额定容量。相应地,在低倍率放电条件下,放电电压下降缓慢,电池实际放出的容量常常高于额定容量。镍氢电池的充电电流、搁置时间、放电终止电压和放电电流等均会对放电容量产生影响。

4. 储存特性

电池的储存性能是指电池在一定条件下储存一定时间后主要性能参数的变化,包括容量的下降、外观情况有无变形或渗液情况等。国家标准均有对电池的容量下降和外观变化及漏液比的限制。

电池在储存过程中容量下降的主要原因是电极的自放电,自放电率高不利于电池储存,所以镍氢电池都遵从即充即用原则,不适宜放置太长时间。

存放镍氢电池的区域应保持清洁、凉爽、通风;温度应在 10~25℃之间,一般不应超过30℃;相对湿度以不大于 65% 为宜。除了合适的储存温度和湿度条件,还须注意:①长期放置的电池应该采用荷电状态储存,一般可预充 50%~100% 的电量后储藏;②在储存过程中,要保证至少每 3 个月对电池充电一次,以恢复到饱和容量。因为放完电的电池(放电到终止电压)在储存过程中,一方面会继续自放电造成过放电,另一方面电池内的正负极、隔膜和辅助材料经常会发生严重的电解液腐蚀和漏液现象,对电池的整体性能造成致命的损害。

5. 温度特性

电池中电极材料的活性和电解液的电迁移率等与温度密切相关,因此环境温度是影响镍氢电池性能的关键因素。镍氢电池在中高温环境下,由于温度较高有利于合金中氢原子的扩散,提高了合金的动力学性能,且电解液中 KOH 的电导率也随温度升高而增加,电池放电容量明显比低温时放电容量大。温度过高(一般超过 45℃)时,虽然电解质电导率大,电流迁移能力增强,迁移内阻减小,但电解液溶剂水分蒸发快,增加电解液的欧姆内阻,两种作用相互抵消,放电容量将不再增加。

镍氢电池的正常存储温度是 -20~45℃,最佳存储温度是 10~25℃。一般情况下,当温度低于 -20℃时,电池中的电解液会凝固,电池内阻会变得无穷大,电池内部可能发生不可逆的变化,导致电池无法激活到正常状态,甚至无法使用。当温度超过 45℃时,电池自放电速率大大加快,电解液会发生副反应而产生大量气体,电极片中的辅助材料可能变质失效,从而导致整个电池逐渐老化和容量衰减,甚至在短期内失效。

6. 循环寿命

镍氢电池的循环寿命受充放电湿度、温度和使用方法的影响。在目前的技术状态下，当按照 IEC 标准充放电时，充放电循环可以超过 500 次。在电动车辆上的应用，镍氢电池一般采用浅充浅放的应用机制，即 SOC 在 40%～80% 之间应用，因此电池的使用寿命已经可以达到 5 年，甚至 10 年以上。

7. 安全性

由于电动车在行驶过程中经常会处于大幅度振荡的状态中，导致动力镍氢电池处于不稳定的工作状态中，容易出现以下安全问题。

（1）漏液。一旦电解液漏到汽车零件上，会造成部件损坏，使其不能正常工作。

（2）氢气渗漏。在工作过程中产生大量的氢气，容易渗漏到电池容器外，当氢气体积在爆炸极限时，容易导致爆炸。

（3）电池内产生氢氧爆炸性混合气体。

三、镍氢动力电池在电动汽车上的应用

由于镍氢电池满足混合动力电动汽车高功率密度的要求，该类电池目前在混合动力电动汽车尤其是在日系车型中应用广泛，如丰田凯美瑞混合动力车、普锐斯、雷克萨斯 CT200、本田思域等。福特公司推出的 Escape 混合动力汽车也采用了额定电压在 300 V 左右的镍氢电池组。

丰田普锐斯混合动力（图 2-19）汽车采用镍氢电池作为动力电源。普锐斯的 HV 蓄电池采用的就是 288 V、6.5 A·h 的镍氢动力电池。该电池组可以通过发电机和电动机实现充放电，且输出功率大、质量小、寿命长、耐久性好。丰田凯美瑞混合动力车的镍电池组在整车的布置如图 2-20 所示。

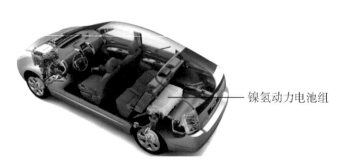
镍氢动力电池组

图 2-19 普瑞斯混合动力汽车的内部结构图

镍氢动力电池组

图 2-20　丰田凯美瑞混合动力车的镍氢电池组布置示意图

　　新途锐混合动力车采用镍氢电池作为动力电源。如图 2-21 所示。新途锐混合动力车型是大众汽车旗下第一款采用了电驱动技术的车型。新途锐混合动力通过结合电力驱动、车辆滑行、能量回收和起动-停车系统 4 个方面的技术,使得这辆重达 2.3t 的 SUV 在城市路况的燃油效率较同级别车型提高了 25%;在城市、高速公路和乡间的综合路况,平均油耗则降低了 17%。

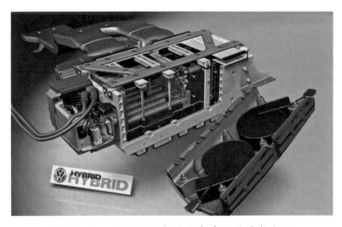

图 2-21　新途锐混合动力车采用的镍氢电池

　　电驱动模式下,发动机关闭,车辆完全以电力驱动前行(最高时速 50 km/h),实现零排放,并且不消耗燃油。

　　车辆滑行时,驾驶人完全放开加速踏板,在离合装置的控制下,V6TSI 发动机与变速器完全脱离,避免了不必要的摩擦损耗,以最小的能耗使车辆滑行距离更长。

　　能量回收时,在制动或减速过程中,电动机转换为发动机,将多余能量回收,存储于高压蓄电池中。

　　起动-停车过程为车辆制动停止,发动机自动关闭;再次踩踏加速踏板,车辆起动前行。在拥堵的城市路况,节油效果明显。

镍氢电池长期以来在高功率和大电流性能方面一直不如镍镉电池,因此,局限于小型电动工具市场的应用。随着镍氢电池技术的进步以及社会对环保问题的日趋重视,高功率镍氢电池已进军电动工具市场并逐步替代了镍镉电池,成为该市场的主流电池之一。

任务小结

本部分主要介绍了镍氢动力电池结构、储能原理、性能以及在电动汽车上的应用。

镍氢动力电池主要由镍正极板、金属氢化物负极板、隔膜纸、电池钢壳、正极盖帽、安全防爆孔、集流体以及底部、顶部的绝缘片等组成。

镍氢动力电池包括充电特性、放电特性、容量特性、储存特性、温度特性、循环寿命等特性。

镍氢电池满足混合动力电动汽车高功率密度的要求,该类电池目前在混合动力电动汽车尤其是在日系车型中应用广泛,如丰田凯美瑞混合动力车、普锐斯、雷克萨斯 CT200、本田思域等。福特公司推出的 Escape 混合动力汽车也采用了额定电压在 300 V 左右的镍氢电池组。

任务练习

一、 判断题

1. 镍氢蓄电池包含铜、铅、镉,存在重金属污染问题。　　　　　　　　　　　(　)
2. 为了防止充电过程后期电池内压过高,镍氢蓄电池中装有防爆装置。　　　(　)
3. 储氢合金既承担着储氢的作用,又起到催化剂作用。　　　　　　　　　　(　)
4. 镍氢蓄电池属于储备电池。　　　　　　　　　　　　　　　　　　　　　(　)

二、 选择题

1. 镍氢动力电池正极活性物质是(　 　),负极活性物质主要由(　 　)制成,电解质是(　 　)。【单选题】
   A. 氢氧化钾　　　　　　　　　　　　　B. 氢氧化钠
   C. 储氢合金　　　　　　　　　　　　　D. 氢氧化镍
2. 影响镍氢动力电池循环寿命的因素包括(　 　)。【多选题】
   A. 充放电湿度　　　　　　　　　　　　B. 充放电次数

  C. 充放电温度　　　　　　　　　　　　D. 使用方法

3. 具有实用价值的储氢合金应该具有(　　)等特性。【多选题】

  A. 成本低廉　　　　　　　　　　　　　B. 储氢量大

  C. 容易活化　　　　　　　　　　　　　D. 化学反应速率慢

三、简答题

1. 结合本任务内容,查找相关材料分析镍氢动力电池的优缺点。

2. 简要阐述镍氢动力电池在电动汽车领域的应用情况。

任务 3　锂离子动力电池结构及应用

任务目标

1. 了解锂离子动力电池的类型及特点。
2. 掌握锂离子动力电池的结构与工作原理。
3. 理解锂离子动力电池的性能及检测。
4. 熟悉锂离子动力电池在相关领域的应用。

任务导入

小铭和小轩是某职业院校新能源汽车技术专业的学生,两人在课间讨论"哪种电池更适合电动汽车"。小铭认为镍氢电池的寿命长、价格适中,所以非常适合电动汽车使用。小轩认为锂电池的使用寿命也很长、充电方便、安全性高,所以比镍氢电池更适合电动汽车。请学习锂离子动力电池的相关知识,并对他们的观点进行判断。

知识储备

锂离子电池是指以能够可逆地嵌入-脱嵌锂离子的化合物作为正、负极的二次电池。该电池中没有金属锂存在,只有锂离子,是继镍镉电池、镍氢电池之后涌现出的新一代绿色可充电池,具有工作电压高、比容量大、循环寿命长、无记忆效应、无环境污染等特点,因此自问世以来,已广泛应用于移动电话、笔记本电脑、小型摄像机等轻量化便携式电子设备中。作为电源更新换代产品,它还将在电动工具、电动自行车、混合动力汽车、纯电动汽车、区域电子综合信息系统、卫星及航天等地面与空间军事领域得到广泛应用。

一、锂离子动力电池的类型及特点

（一）锂离子动力电池的类型

1. 根据电池所用电解质材料不同分类

根据锂离子电池所用电解质材料不同，可以分为液态锂离子电池（LIB）和聚合物锂离子电池（LIP）两大类。液态锂离子电池使用液体电解质，有圆形和方形两种。聚合物锂离子电池则以固体聚合物作为电解质。这种聚合物可以是"干态"的，也可以是"胶态"的，目前聚合物锂离子电池大部分采用聚合物凝胶电解质。由于用固体电解质代替了液体电解质，与液态锂离子电池相比，聚合物锂离子电池具有可薄形化、任意面积与任意形状等优点，其质量比能量将会比目前的液态锂离子电池提高 20% 以上，因此这一电池在市场上将会逐渐增多。

2. 根据电池正极所用材料不同分类

根据锂离子电池正极所用材料不同，可以分为磷酸铁锂（$LiFePO_4$）电池、锰酸锂（$LiMn_2O_4$）电池、钴酸锂（$LiCoO_2$）电池、三元锂电池（正极材料为镍钴锰酸锂或镍钴铝酸锂）等。

（1）磷酸铁锂电池。

磷酸铁锂锂离子电池是指用磷酸铁锂作为正极材料的锂离子电池，具有良好的安全性和环保性，循环寿命可达 2 000 次以上，理论寿命达到 7～8 年。该电池工作温度范围宽（-20～75℃），具有耐高温的特性，且无记忆效应。磷酸铁锂电池也存在缺点：例如低温性能差、正极材料振实密度小、等容量的磷酸铁锂电池的体积要大于钴酸锂等锂离子电池，因此在微型电池方面不具有优势。而用作动力电池时，磷酸铁锂电池和其他电池一样，需要面对电池一致性问题。

（2）锰酸锂电池。

锰酸锂锂离子电池是指正极使用锰酸锂材料的电池。锰酸锂是以 EMD（一种原材料，曾用作无汞碱锰电池专用材料）和碳酸锂，配合相应的添加物，经过混料、烧结等步骤生产而成。锰酸锂电池的优点是耐低温、倍率性能好、制备较容易，缺点是材料本身不稳定，需配以其他材料混合使用、高温性能差、循环性能差、衰减快。锰酸锂的这些缺点由锰的特性而来。不过，由于锰的广泛存在，使其具有明显的成本优势。

（3）钴酸锂电池。

钴酸锂电池是指正极使用钴酸锂材料的电池。钴酸锂采用聚乙烯醇（PVA）或聚乙二醇（PEG）水溶液为溶剂，锂盐、钴盐分别溶解在 PVA 或 PEG 水溶液中，混合后的溶液经过加热、浓缩形成凝胶，生成的凝胶体再进行加热分解，然后在高温下煅烧，将烧成的粉体碾磨、过筛即得到钴酸锂粉。钴酸锂电池的结构稳定、容量比高、综合性能突出、但是其安全性差、成本非常高，主要用于中小型号单体电池，广泛应用于笔记本电脑、手机等小型电子设备中，标称电压 3.7 V。

（4）三元锂离子电池。

三元锂电池是指正极材料使用镍钴锰酸锂或者镍钴铝酸锂的三元材料的锂电池。三元复合正极材料是以镍盐、钴盐、锰盐为原料，镍钴锰的比例可以根据实际需要进行调整。三元锂离子电池因具有综合性能和成本的双重优势日益被行业所关注和认同，逐步超越磷酸铁锂电池和锰酸锂电池成为锂离子电池发展的主流产品。但三元锂电池也存在缺点，如电压太低，在手机上使用时，其容量明显不足（手机截止电压一般在 3.0 V 左右）。

3. 根据电池负极所用材料不同分类

锂离子电池负极材料应该能够容纳大量的 Li^+，具有较高的离子电导率和电子电导率，以及良好的稳定性等。根据锂离子电池负极材料不同，锂离子电池可分为嵌入型负极材料锂离子电池、合金化型负极材料锂离子电池、转化型负极材料锂离子电池和钛酸锂负极材料锂离子电池三种。

（1）嵌入型负极材料锂离子电池。

嵌入型负极材料锂离子电池的负极材料是碳材料。根据材料石墨化程度的差别，碳材料通常可以分为软碳、硬碳和石墨。常见的软碳材料有石油焦、针状焦、碳纤维及碳微球；硬碳在 2 500 ℃ 以上也难以石墨化。石墨放电容量为 3 500 mA·h/g，具有层状结构，同一层的碳原子呈正六边形排列，层与层之间靠范德华力结合。石墨层间可嵌入锂离子形成锂-石墨层间化合物（Li - GIC）。石墨类材料导电性好，结晶度高，有稳定的充放电平台，是目前商业化程度最高的锂离子电池负极材料。除了石墨，其他的碳类材料的储锂机制也是如此。需要指出的是，硬碳材料具有比石墨更高的放电容量，这是因为，除了具有与石墨相同的嵌入机制，硬碳结构上还存在一些微孔或缺陷可供 Li^+ 储存和嵌脱。然而，由于循环效率偏低、电压随容量的变化大、缺少平稳的放电平台，硬碳作为负极材料，应用一直受限制。

（2）合金化型负极材料锂离子电池。

合金化型负极材料锂离子电池的负极材料是合金化储锂材料，合金化储锂材料是指能和锂发生合金化反应的金属及其合金、中间相化合物及复合物。据报道，常温下锂能与许多金属反应（如 Sn、Si、Zn、Al、Sb、Ge、Pb、Mg、Ca、As、Bi、Pt、Ag、Au、Cd、Hg 等），其充放电的机理本质为合金化及逆合金化的反应。通常来说，合金化型负极材料的理论比容量及电荷密度均远高于嵌入型负极材料。同时，这类材料的嵌锂电位较高，在大电流充放电的情况下也很难发生锂的沉积，不会产生锂枝晶导致电池短路，对高功率器件有很重要的意义。

（3）转化型负极材料锂离子电池。

转化型负极材料锂离子电池的负极材料有十余种之多,常用的主要有过渡金属元素,如 Co、Ni、Mn、Fe、V、Ti、Mo、W、Cr、Cu、Ru 的氧化物、硫化物、氮化物、磷化物及氟化物。这种过渡金属氧化物被发现具有很高的可逆放电容量(3 倍于石墨),且材料的首次放电比容量也较高。

（4）钛酸锂为负极材料锂离子电池。

钛酸锂为负极材料的锂离子电池是以钛酸锂作为电池的负极材料,这种电池在循环过程中材料表面不会形成 SEI 膜,首次充放电效率高。由于钛酸锂的高安全性、高稳定性、长寿命和绿色环保的特点,逐渐成为新一代锂离子电池的负极材料而被广泛应用在新能源汽车、电动摩托车和要求高安全性、高稳定性和长周期的应用领域。钛酸锂电池工作电压为 2.4 V,最高电压为 3.0 V,充电电流大于 2C(即电池容量的 2 倍的电流)。此外,在锂离子嵌入和脱出的前后,钛酸锂类材料几乎不会发生体积变化,是一种"零应变材料",具有突出的安全性,成为下一代储能电站用锂离子电池的热门候选材料。

然而,钛酸锂电池也存在明显不足,由于钛酸锂自身特性的原因,材料与电解液之间容易发生相互作用并在充放电循环反应过程中产生气体析出,因此普通的钛酸锂电池容易发生胀气,导致单体电池鼓包,电性能大幅下降,极大地降低了钛酸锂电池的理论循环寿命。

（二）锂离子动力电池特点

作为新一代绿色可充电池,锂离子电池相对于其他类型电池,具有不可比拟的优势,如工作电压高、能量密度高、循环寿命长等,但同时它也存在一些缺点,如内阻大、工作温度范围过宽等,见表 2-2。

表 2-2　锂离子电池与其他可充式电池性能比较

电池类型 性能	锂离子电池	镍镉电池	镍氢电池
工作平均电压/V	3.6	1.2	1.2
使用电压范围/V	2.5～4.2	1.4～1.0	1.4～1.0
体积比能量/(W·h/L)	240～270	134～135	190～197
质量比能量/(W·h/kg)	100～115	49～60	59～70
循环寿命/次	1200	700	500
月自放电率/%	6～12	25～50	30～40
使用温度范围/℃	−25～45	−20～65	−20～65

1. 锂离子动力电池的优点

(1) 工作电压高。

锂离子电池的工作电压非常高,例如,钴酸锂电池的工作电压为 3.6 V,锰酸锂电池的工作电压为 3.7 V,磷酸铁锂电池的工作电压为 3.2 V,而铅酸电池的工作电压为 2.1 V,镍氢、镍镉电池的工作电压仅为 1.2 V。从以上对比中可以看出,不同类型电池的单体电池的工作电压不相同,但是锂离子电池的工作电压最高。

(2) 能量密度高。

锂离子电池正极材料的理论密度可达 200 W·h/kg 以上,实际应用中由于不可逆容量损失,能量密度通常低于这一数值。即使如此,锂离子电池的能量密度也可达 140 W·h/kg,这一数值仍然为铅酸电池的 6 倍,镍镉电池的 3 倍,镍氢电池的 1.5 倍。

(3) 循环寿命长。

目前锂离子电池在深度放电情况下,循环次数可达 1 000 次以上;在低放电深度条件下,循环次数可达上万次,相比之下,镍镉电池的循环寿命是 700 次,镍氢电池的循环寿命只有 500 次。由此可见,锂离子电池的循环寿命是镍氢电池的 2 倍。

(4) 自放电率小。

电池自放电率是衡量电池性能的重要参数。镍镉电池的月自放电率是 25%~30%,镍氢电池的月自放电率高达 30%~40%,但锂离子电池自放电率仅为总电容量的 5%~9%,远低于镍镉电池和镍氢电池的自放电率,大大缓解了传统二次电池放置时由自放电所引起的电能损失问题。

(5) 无记忆效应。

电池的记忆效应是指长期的充、放电幅度和模式会在电池内留下痕迹,导致电池不能再做大幅度的充放电,且会降低电池容量。锂离子电池不存在记忆效应,因此其电池容量不会因此受到损失,而且可以随时反复充放电使用。

(6) 环保性高。

相对于传统的铅酸电池、镍镉电池、镍氢电池废弃可能造成的环境污染问题,锂离子电池中不包含汞、铅、镉等有害元素,是真正意义上的绿色电池。锂离子电池对环境友好的这一特性可以满足新能源汽车发展对动力电池的要求。

2. 锂离子动力电池的缺点

(1) 内阻大。

内阻是评价锂电池性能的重要指标之一。理论上,电池内阻越小越好。内阻低则电池消耗功率少,导电率高。内阻高,电池容易发热。由于锂离子电池的电解液为有机溶剂,其电导率远低于镍氢电池和镍镉电池的水性电解液。

（2）充放电压范围过宽。

锂离子电池的工作温度范围为－25～45℃,随着电解液和正极材料的发展,这一温度范围期望将扩宽到－40～70℃,因此,锂离子电池须特殊的保护电路,以防止锂离子电池过充电和过放电。

（3）与普通电池相容性差。

锂离子电池的工作电压为3.6 V,与普通电池的电压相差大,相容性较差,所以一般的普通电池用三节才可以替代一节锂离子电池。

二、锂离子动力电池组成与工作原理

（一）锂离子动力电池的组成

锂离子动力电池与镍氢动力电池等其他类型电池结构相似,其主要由正极、负极、电解质、隔膜、安全阀、电池钢壳、顶部盖板等组成,如图2-22所示。液态锂离子电池以圆柱形和方形为主,分别称为圆柱形卷绕式电池和卷绕式方形电池。新发展起来的聚合物锂离子电池（PLIB）的正、负极材料与液态锂离子电池相同,但采用固体聚合物电解质和更容易获得的外包装材料,其全固体结构使电池形状更为随意。

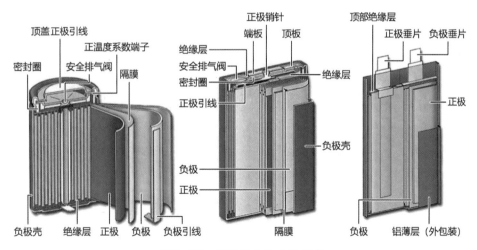

图2-22　锂离子电池结构组成

1. 锂离子动力电池的正极材料

锂离子电池的正极材料是嵌入式的金属氧化物,按照其空间结构的不同可以分为以下三种类型。

（1）层状化合物。

层状正极材料中研究比较成熟的是钴酸锂和镍酸锂。层状钴酸锂结构示意图如图2-23所示。

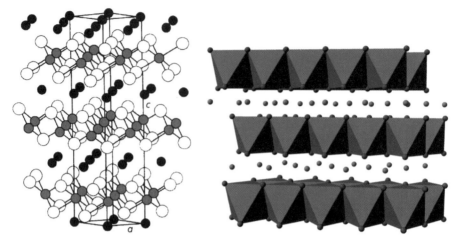

图 2-23　层状钴酸锂结构示意图

① 钴酸锂。钴酸锂是最早用于商品化二次锂离子电池的正极材料。在充放电过程中，钴酸锂发生从三方晶系到单斜晶系的可逆相变，但这种变化只伴随很少的晶胞参数变化，因此钴酸锂具有良好的可逆性和循环充放电性能。尽管钴酸锂具有放电电压高、性能稳定、易于合成等优点，但钴资源稀少，价格较高，并且有毒，污染环境，目前主要应用在手机、笔记本等中小容量消费类电子产品中。

② 镍酸锂。镍与钴的性质非常相近，而价格却比钴低很多，并且对环境污染较小。镍酸锂目前最大放电容量为 150 A·h/kg，比钴酸锂的最大放电容量稍大，工作电压范围为 2.5～4.1 V，因此，镍酸锂被视为锂离子电池中最具有前途的正极材料之一。尽管镍酸锂作为锂离子电池的正极材料有较多优点，但仍有不足之处。主要是由于在制备三方晶系镍酸锂时容易产生立方晶系的镍酸锂，特别是当反应温度大于 900℃时，镍酸锂将由三方晶系全部转化立方晶系，而在非水电解质溶液中，立方晶系的镍酸锂没有电化学活性。此缺点可以通过改进镍酸锂的制备方法来解决，如通过软化化学合成方法来降低反应温度，以抑制立方镍酸锂的生成。同时，可采用掺杂的方法（常用的掺杂元素有 Ti、Al、Co、Ca 等）进行改性，抑制在充放电过程中发生的相转变，以进一步提高镍酸锂的稳定性和电化学性能。

（2）尖晶石型结构。

锰酸锂是尖晶石型嵌锂化合物中的典型代表。锰元素在自然中含量丰富，价格便宜，毒性远小于过渡金属 Co、Ni 等。理论放电容量 148 A·h/kg，实际放电容量是 110～120 A·h/kg。尖晶石型锰酸锂常用的制备方法是熔融浸渍法。此法是把锂盐充分渗透到二氧化锰的微孔中，这样反应物之间的接触面积大大增加，提高了产物的均匀性，并加快了固相反应的反应速率。尖晶石型结构与层状结构对比示意图如图 2-24 所示。

锰酸锂的主要缺点是电极的循环容量容易迅速衰减，造成循环容量衰减的原因主要如下：

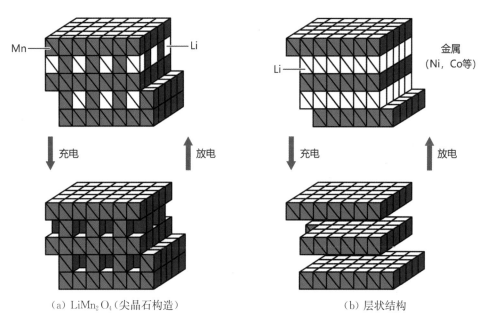

（a）$LiMn_2O_4$（尖晶石构造）　　　　　　（b）层状结构

图 2 - 24　尖晶石型结构与层状结构对比示意图

① 锰酸锂的正八面体空隙发生变化，产生四方畸变，在充放电过程中，在电极表面易形成稳定性较差的四方相锰酸锂。

② 锰酸锂中的锰易溶解于电解液中而造成流失。

③ 电极极化引起内阻增大等。

如何克服锰酸锂电极循环容量下降是目前研究锰酸锂中的焦点。利用掺杂金属离子（如 Cr、Fe、Zn、Mg 等）来稳定锰酸锂的尖晶石结构是目前解决其循环容量衰减最有效的方法之一。

（3）橄榄石型结构。

磷酸铁锂在自然界以磷铁锂矿的形式存在，属于橄榄石型结构（图 2 - 25）。磷酸铁锂实

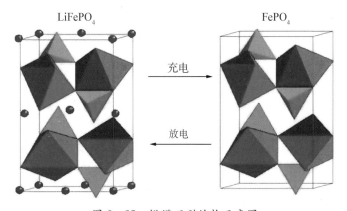

图 2 - 25　橄榄石型结构示意图

际最大放电容量可高达 165 A · h/kg,非常接近其理论容量,工作电压范围为 3.2 V 左右。并且磷酸铁锂中的强共价键作用使其在充放电过程中能保持晶体结构的高度稳定性,因此具有比其他正极材料更高的安全性能和更长的循环寿命。另外,磷酸铁锂有原材料来源广泛、价格低廉、无环境污染、比容量高等优点,使其成为现阶段各国竞相研究的热点之一。

磷酸铁锂正极材料常用的合成方法有高温固相法和水热法等。高温固相法工艺简单,易实现产业化,但产物粒径不易控制,形貌也不规则,并且在合成过程中需要惰性气体保护。水热法可以在水热条件下直接合成磷酸铁锂,由于氧气在水热体系中的溶解度很小,所以水热合成不再需要惰性气体保护,而且产物的粒径和形貌易于控制。目前,磷酸铁锂正极材料的缺点主要是低电导率问题,有效的改进方法主要有表面包覆碳膜法和掺杂法。

现在,中国国内建设的大型锂离子动力电池生产厂,如杭州万向、天津力神等,均以该类型电池的产业化为主要目标。在国内装车示范的电动汽车中,该类型电池已经成为主流产品之一。

2. 锂离子动力电池的负极材料

负极材料是决定锂离子电池综合性能优劣的关键因素之一,比容量高、容量衰减小、安全性能好是对负极材料的基本要求。目前,应用的负极材料如图 2-26 所示。

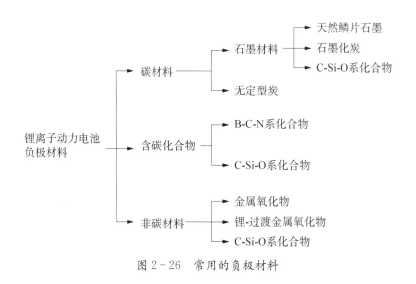

图 2-26　常用的负极材料

（1）碳材料。

碳材料是目前商品化的锂离子电池应用最为广泛的负极材料。碳负极材料包括石墨、无定型炭。其中石墨又分为天然石墨、人造石墨和石墨化炭;无定型炭分为硬炭和软炭。石墨是锂离子电池碳材料中应用最早、研究最多的一种,具有完整的层状晶体结构。石墨的层状结构,有利于锂离子的脱嵌,能与锂形成锂-石墨层间化合物,其理论最大放电容量为

$372 A \cdot h/kg$,充放电效率通常在90%以上。锂在石墨中的脱嵌反应主要发生在$0 \sim 0.25 V$(相对于Li^+/Li),具有良好的充放电电压平台,与提供锂源的正极材料匹配性极好,所组成的电池平均输出电压高,是一种性能较好的锂离子电池负极材料。

（2）氧化物负极材料。

氧化物是当前研究的另一种负极材料体系,包括金属氧化物、金属基复合氧化物和其他氧化物。前两者虽具有较高的理论比容量,但因从氧化物中置换金属单质消耗了大量锂而导致巨大的容量损失,抵消了高容量的优点;$Li_4Ti_5O_{12}$具有尖晶石结构,充放电曲线平坦,放电容量为$150 A \cdot h/kg$,具有非常良好的耐过充电、过放电特征,充放电过程中晶体结构几乎无变化(零应变材料),循环寿命长,充放电效率近100%,目前在储能型锂离子电池中有所应用。

（3）金属及合金类负极材料。

金属锂是最先被采用的负极材料,理论比容量为$3860 A \cdot h/kg$。20世纪70年代中期,金属锂在商业化电池中得到应用。但因充电时,负极表面会形成枝晶,导致电池短路,于是发展出合金负极材料这一新型负极材料体系。锂能与许多金属在室温下形成金属间化合物。金属合金最大的优势就是能够形成含锂很高的锂合金,具有很高的容量密度,相比碳材料,合金较大的密度使得其理论体积容量密度也较大。同时,合金材料由于加工性能好、导电性好等优点,被认为是极有发展潜力的一种负极材料。然而,锂合金负极材料的充放电机理实质上就是合金化与脱金化反应,该过程导致的巨大体积变化是目前亟须解决的问题。

3. 锂离子动力电池的电解质

用于锂离子电池的电解质有四类:非水液体电解质、胶体电解质、聚合物电解质、固体电解质。

非水液体电解质是锂盐溶于有机溶剂而形成的溶液,它是这四种电解质中离子导电性最好的一种。典型的溶剂是硝酸酯类,它广泛应用于锂离子电池,在电池内几乎全部被隔膜和电极所吸收,保证了电池的密封性。但当电池温度太高或出现过充电时,电池内部压力会增大,它有可能从电池中泄漏出来,影响电池的安全性。

固体电解质是处于固态的离子导电体。包括晶体电解质、玻璃态电解质、氧化物玻璃态电解质、硫化物玻璃态电解质等。它们的离子电导率比液体电解质低$1 \sim 5$个数量级。用它做成的电池,内阻大,不能大电流放电。目前只限于用在电流密度要求不高的薄膜型电池或微型电池,不能用于动力电池。

聚合物电解质是含有聚合物材料并且能发生离子迁移的电解质。它是一种无液体无溶剂的材料,其离子导电能力是由盐溶解于高分子聚合物中形成的。采用这种材料做成的锂离子电池即为聚合物锂离子电池。它的优越性在于使电池的安全性得到提高,出现漏液的现象大大减少。此外，由于聚合物材料的可塑性很强，因此可做成大面积的薄膜，可保证它与电极间的充分接触，并且可根据需要组装成不同形状的电池。

胶体电解质是盐和溶剂同时溶于高分子聚合物或与其混合而形成的一种凝胶态离子导电材料，也属于聚合物电解质范畴。用于锂离子电池的典型胶体电解质有：PVDF - HFP、$LiPF_6$ 或 $LiBF_4$ 盐和碳酸酯类溶剂形成的膜。可以向 PVDF - HFP 中加入气相二氧化硅，使凝胶体结构稳定，减小溶剂泄漏出电池的可能性。

为提高锂离子电池输出比功率密度以及适应电池低温工作条件的要求，动力型锂离子电池目前大多使用非水液体电解质。这是因为它的导电性比胶体电解质、聚合物电解质、固体电解质要好，减小电池内阻，从而减小电池高功率输出对电池比能量带来的不利影响。另外，用于锂离子电池体系的液态有机电解质应满足以下要求：

（1）锂离子电导率高，在较宽的温度范围内电导率在 $3 \times 10^{-3} \sim 2 \times 10^{-2}$ S/cm。

（2）电化学窗口宽，即在较宽的电压范围内稳定（对于锂离子电池而言，要稳定在 4.5 V）而不发生分解反应，即具有良好的氧化稳定性。

（3）化学稳定性强，即与电池体系的电极材料如正极、负极、集流体、隔膜、黏结剂等基本不发生反应。

（4）在较宽的温度范围内保证成液态，一般温度范围为 $-40 \sim 70 ℃$。

（5）对离子具有较好的溶剂化性能。

（6）没有毒性，蒸气压低，使用安全。

（7）能尽量促进电极可逆反应的进行，与电极之间具有良好的相容性。

（8）制备容易，成本低。

4. 隔膜材料

隔膜是锂离子电池结构中关键的内层组件之一，其性能决定了电池的界面结构、内阻等，直接影响电池的容量、循环寿命以及安全性能等特性。隔膜的主要作用是隔开电池的正、负极，防止两极接触发生短路，此外还具有能使电解液离子通过的功能。对于锂离子电池系列，由于电解液为有机溶剂，电导率较低，因此其隔膜材料需要满足一些条件，例如有一定的孔径和孔隙率以保证低电阻和高离子电导率、耐电解液腐蚀、对电解液的浸润性好并具有足够的吸液保湿能力、热稳定性和自动关断保护性能好等。市售的液体电解质锂离子电池中使用的隔膜材料通常是微孔聚烯烃材料，它由聚丙烯、聚乙烯、聚丙烯与聚乙烯的复合物制成，并涂覆表面活性剂，以改善对电解质的湿润性。一般商品隔膜具有 $0.03 \sim 0.1 \mu m$ 的孔径，孔隙率为 $30\% \sim 50\%$。

（二）锂离子动力电池的工作原理

锂离子电池实际上是一种锂离子浓差电池，正、负极材料由两种不同的锂离子嵌入化合物组成。电池充放电过程中,Li^+可逆地在两个电极之间反复嵌入与脱嵌。充电过程中,正极材料中的Li^+从正极材料中脱嵌,进入电解液透过隔膜后嵌入负极材料内,等量的补偿电荷也会经外部电路从正极迁移至负极以保持电荷平衡。此时正极失去电子发生氧化反应,被称为阳极;负极则得到电子发生还原反应,被称为阴极,电流由负极流向正极。放电过程中,Li^+从负极材料中脱嵌,进入电解液透过隔膜后重新嵌入正极材料,补偿电荷同样经外部电路从负极迁移至正极。此时正极发生还原反应,被称为阴极;负极发生氧化反应,被称为阳极,电流由正极流向负极。以$LiCoO_2 - C$电池工作时的状态为例,说明其反应过程:

$$正极反应 \qquad LiCoO_2 \longrightarrow Li_{1-x}CoO_2 + xLi^+ + xe^- \qquad (2-4)$$

$$负极反应 \qquad C + xLi^+ + xe^- \longrightarrow CLi_x \qquad (2-5)$$

$$总反应 \qquad LiCoO_2 + C \longrightarrow Li_{1-x}CoO_2 + CLi_x \qquad (2-6)$$

反应方程式表明,锂离子电池是以可脱嵌的化合物材料为正、负极材料的。正极材料是锂的过渡金属化合物,例如$LiCoO_2$、$LiMnO_2$或是$LiNiO_2$、$LiNi_{-x-y}CoMn_yO_2$和$LiFePO_4$等;负极材料主要是碳素材料,如石墨等,这些材料提供相应的晶格空位,可以供锂离子在晶格嵌入和脱嵌。其工作原理如图2-27所示。

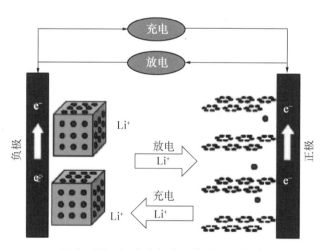

图2-27 锂离子电池工作原理示意图

锂离子电池的正极材料一般选择氧化还原电势较高且在空气中稳定的嵌锂过渡金属氧化物,主要有层状结构的$LiMO_2$和尖晶石结构的LiM_2O_4化合物(M为Co、Ni、Mn、V等过渡金属元素),其通式一般可写为LiM_xO_2,其中M为过渡金属离子。负极材料则选择电势尽可能接近金属锂电势的可插锂物质,常用的有焦炭、石墨、中间相关碳微球等碳素材层状化合物 Li_xC_6。电解液一般为 $LiClO_4$、$LiPF_6$、$LiAsF_6$、$LiBF_4$、$LiCF_3SO_3$ 及其他新型含氟锂盐的有机溶液,目前商业化锂离子电池常使用的为 $LiPF_6$。有机溶剂常使用的有碳酸丙烯酯(PC)、碳酸乙烯酯(EC)、碳酸丁烯酯(BC)、碳酸二甲酯(DMC)、碳酸甲乙酯(EMC)等一种或几种混合物。锂离子电池所使用的隔膜材料一般为多孔性的聚烯烃树脂,常用的隔膜有单层或多层的聚丙烯(PP)聚乙烯(PE)微孔膜。

三、锂离子动力电池性能及检测

(一)锂离子动力电池的性能

1. 充放电特性

锂离子电池充电时 Li^+ 从正极活性物质中脱嵌到电解质中,同时电解质中的 Li^+ 嵌入负极活性物质中,结果导致正极电势升高,负极电势降低。充电接近完成时,电池的充电电压升高加剧。

由于锂离子电池使用的是有机溶剂电解液,存在特定的电化学窗口,充电电压过高会发生电解液的分解,一般锂离子电池采用恒流-恒压(CC/CV)充电制度,充电限制电压一般是 4.2 V。图 2-28 是锂离子电池的充电特性曲线,$t_0 \sim t_1$ 阶段为恒流充电阶段,终止电压为 4.2 V;$t_1 \sim t_2$ 阶段为恒压充电阶段,终止充电电流为电池 0.05C 对应的电流。对于锂离子电池组的充电,由于存在单体电池的差异,需要在充电过程中对各单体电池电压进行均衡控制,尽量实现各电池在充电结束时电压一致,保证电池的稳定性和使用寿命。

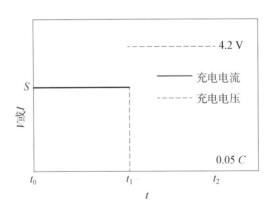

图 2-28　锂离子电池充电特性曲线

锂离子电池的放电电压与电池材料有关,以碳材料为负极时,$LiCoO_2$ 为正极材料的锂离子电池的放电电压平台在 3.6 V 左右,而以 $LiFePO_4$ 为正极材料的锂离子电池的放电电压平台在 3.4 V 左右。

正极材料中锂离子的扩散能力对电池的放电性能影响较大,特别是在低温和高倍率条件下,锂离子正、负极中的扩散是限制电池充电性能的主要因素。与常温相比,电池低温放电电压平台低,放电容量小。

对锂离子电池充放电性能的评价指标主要有电池的充放电时间、充放电效率、充放电电压平台和不同充放电倍率下的容量等。电池的放电倍率越高,放电电压平台和放电容量越低,充放电性能越好,图 2-29 是锂离子电池不同倍率的放电特性曲线。

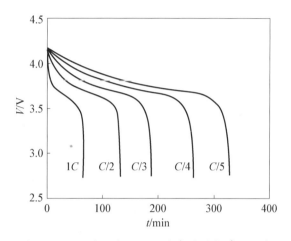

图 2-29　锂离子电池不同倍率的放电特性曲线

2. 安全性

锂离子电池在热冲击、过充电、过放电和短路等滥用情况下,其内部的活性物及电解液等组分间将发生化学、电化学反应,产生大量的热量与气体。使得电池内部压力增大,到一定程度可能导致电池着火,甚至爆炸。其主要原因如下。

（1）材料热稳定性。

锂离子电池在一些滥用情况下,如高温、过充电、针刺穿透以及挤压等情况下,可以导致电极和有机电解液之间的强烈作用,如有机电解液的剧烈氧化、还原或正极分解产生的氧气进一步与有机电解液反应等,这些反应产生的大量热量如不能及时散失到周围环境中,必将导致电池内热失控的产生,最终导致电池燃烧、爆炸。因此,正负电极、有机电解液相互作用的热稳定性是制约锂离子电池安全性的首要因素。

（2）制造工艺。

锂离子电池的制造工艺分为液态和聚合物锂电池的制造工艺。无论是什么结构的锂离子电池,电极制造、电池装配等制造过程都会对电池的安全性产生影响。如正极和负极混料、涂布、辊压、裁片或冲切、组装或加注电解液的量、封口、化成等诸道工序的质量控制,无一不影响电池的性能和安全。浆料的均匀度决定了活性物质在电极上分布的均匀性,从而影响电池的安全性。浆料细度太大,电池充放电时会出现负极材料膨胀与收缩比较大的变化,可能出现金属锂的析出;浆料细度太小,会导致电池内阻过大。涂布加热温度过低或烘干时间不足会使溶剂残留,黏结剂部分溶解,造成部分活性物质容易剥离;温度过高可能造成黏结剂炭化,活性物质脱落形成电池内短路。

因此,为提高锂离子电池的安全性,可以使用安全型锂离子电池电解质,用固体电解质代替有机液态电解质,同时提高正负极材料的热稳定性等。

3. 热特性

锂离子电池内部产生的热量主要是由 4 部分组成:反应热 Q_r、极化热 Q_p、焦耳热 Q_J 和分解热 Q_s。Q_r 表示由于电池内部的化学反应而产生的热量,这部分热量在充电时为负值,在放电时为正值。极化热 Q_p 是指电池在充放电过程中,负载电流通过电极并伴随着电化学反应时,电极会发生极化,电池的平均电压会与开路电压有所偏差,而导致产生的热量,这部分热量在充放电的时候都为正值。Q_J 为焦耳热,这部分热量是由于电池内阻产生的,在充放电的过程中这部分热量都为正值,其中电池内阻包括电解质的离子内阻(含隔膜和电极)和电子内阻(包括活性物质、集流体、导电极耳以及活性物质/集流体之间的接触电阻),符合欧姆特性。Q_s 表示在电池的电极中自放电的存在也会导致电极的分解而产生的热量,这部分热量在充放电的时候都很小,因而可以忽略不计。

由于反应热 Q_r 在充电时为负值,在放电时为正值,因此,电池在放电过程中的热生成率要大于充电过程中的热生成率,从而导致放电时电池温度比充电时电池的温度高。对于一个完全充满电状态下的锂离子电池,它在可逆放电过程中的总反应中呈现了放热效应。更进一步来说,电池的正电极反应表现出较大的放热效应,同时负电极反应表现出较小的吸热效应,所以综合正负电极反应热效应,最终导致了锂离子电池充放电过程总体呈现放热效应。

热效应会影响锂离子电池的可用容量比率。正常应用温度范度围内,锂离子电池温度越高,工作电压平台越高,电池的可用容量越多。但是长期在高温下工作会造成锂离子电池的容量迅速下降从而影响电池的使用寿命,并极有可能造成电池热失控。热效应还会影响电池内阻。直流内阻是表征动力电池性能和寿命状态的重要指标。电池内阻较小,许多工况下常常忽略不计,但动力电池处于电流大、深放电工作状态,内阻引起的压降较大,此时内阻的影响不能忽略。

4. 自放电与存储性能

锂离子电池的自放电率比镍镉、镍氢电池小,镍氢电池的月自放电率达 60%。镍镉电池的月自放电率为 30%,而锂离子电池月自放电率只有 6%～8%。

锂离子电池自放电导致容量损失分为可逆容量损失和不可逆容量损失两种情况,自放电的程度受正极材料、电池的制作工艺、电解液的性质、温度和时间等因素影响。如果负极处于充足电的状态而正极发生自放电,电池正、负极容量平衡被破坏,将导致永久性容量损失。自放电的氧化物堵塞电极材料上的微孔,使锂的嵌入和脱出困难,并且使内阻增大和放电效率降低,也会导致不可逆容量损失。

电池的储存在实际中十分常见,电池产销周期中也可能出现长期搁置存放,实际使用中有时也长期处于储存状态。锂离子电池的储存性能主要同电池的荷电状态及储存环境温度有关,高温高荷电状态 SEI 模组分部分发生溶解沉积,引起不可逆容量衰减;经高温高荷电状态储存后电池安全性能下降,低温荷电状态有利于储存后锂离子电池过充电时安全性能的保持。

锂离子电池进行长期储存时,不同荷电状态会影响电池的储存性能。电池的电压在 3.80 V(约 40% 额定容量状态)储存后,电池的性能基本不会发生衰减;当电池的初始电压超过 3.90 V(高于 60% 额定容量的荷电状态)储存时,对电池的容量、内阻、平台及循环寿命等性能都会产生明显不利的影响;荷电状态越高,电池储存后热稳定性衰减越明显。而在完全放电状态或过低荷电状态下也不适合电池的长期储存,会导致电池的循环性能下降,而且不能立即使用,容易出现过放电而损害电池。在实际生产或使用过程中,建议最好将电池控制在半电态 40%～60% 额定容量,对应电池的 3.8～3.9 V(开路电压)荷电状态下进行长期储存。

(二) 锂离子动力电池的性能检测

1. 锂离子电池安全性能检测

安全性能检测主要包括过充电、过放电、外部短路、强制放电等电测试,落体冲击、针刺、振动、挤压、加速等机械测试,着火、沙浴、油浴、热冲击等热测试,降压、高度、浸泡、耐菌性等环境测试。

(1) 标准充电方法。

电池在 (20 ± 5)℃条件下以 $1I_s$(A)电流恒流充电,至电池电压达到 4.2 V 时转恒压充电,至充电电流降至 $0.1I_s$ 时停止充电。

(2) 过放电试验。

按照 QC/T744-2006 的 6.2 10.2 的规定进行过放电试验时,电池应不爆炸、不起火、不漏液,放电容量不低于额定容量的 80%。

(3) 电池按上述方法放电后,可按以下两种充电方式进行试验。

① 以 $3I_s$(A)电流充电,至蓄电池电压达到 10 V 或者充电时间达到 90 min(任何一个条件先达到即可停止充电)。

② 以 $9I_s$(A)电流充电,至蓄电池电压达到 10 V 或者充电时间达到 90 min(任何一个条件先达到即可停止充电),电池应不漏液、不起火和不爆炸。

（4）短路试验。

电池按上述方式充电后，将电池经外部短路 10 min，外部线路电阻应小于 50 mΩ。电池应不漏液、不起火和不爆炸。

（5）跌落试验。

电池按上述方法充电后，电池在（20±5）℃条件下，从 1.5 m 高度处自由落到厚度为 20 mm 的硬木板上，电池每个面进行一次，电池应不漏液、不起火和不爆炸。

（6）加热试验。

电池按上述方法充电后，将其置于（85±5）℃的恒温箱内，并保持 120 min，电池应不漏液、不起火和不爆炸。

（7）挤压试验。

① 挤压方向：垂直于电池极板方向施压。

② 挤压头的面积：不小于 20 cm^2。

③ 挤压程度：直至电池壳体破裂或内部短路，电池电压降为 0 V。

（8）针刺试验。

电池按上述方法充电后，用 $\phi 3 \sim \phi 8$ mm 耐高温钢针，以 10～40 mm/s 的速度，从垂直于电池极板的方向贯穿，并停留在电池中，电池应不漏液、不起火和不爆炸。

2. 锂离子电池电化学性能检测

化学性能检测主要包括容量、内阻、电压、自放电、存储性能、高低温性能、循环性、充放电性能等。

（1）容量。

影响因素：温度、充放电电流、终止电压、充放电设备的精度等。

常温测试：电池在（20±5）℃的温度下以 1C 电流放电到终止电压所获得的容量。

高温测试：电池在（55±5）℃的温度下以 1C 电流放电到终止电压所获得的容量。

（2）内阻。

影响因素：电池结构、原材料、电解质溶液含量、荷电状态等。

交流法测内阻：通过交流内阻测试仪器进行测量。

动态法测内阻：通过脉冲试验的方法测试。

（3）平台电压、平台容量。

影响因素：原材料的性能、电池内阻等。

平台电压：电池放电过程中电压变化最慢的一段时间锂电池的电压。平台电压决定了电池使用中的有效容量大小。

平台容量：电池放电至平台电压时的放电容量。

（4）倍率性能。

测试锂电池在不同电流值下的充电容量和放电容量，可以了解锂电池的倍率性能。若纯电动车用动力电池在使用过程中在 $0.3C$ 倍率放电时可以循环 500 次，则在 $0.5C$ 倍率或更高倍率下放电可能直接影响电池的使用寿命。

（5）循环寿命。

影响因素：电池制造工艺、材料及存储条件等。

衡量指标：荷电保持能力（自放电率）、容量恢复能力。

测试方法：电池充满电后搁置 28 天，检测电池自放电情况和容量恢复情况。

3. 电池成组测试

与单体电池的检测参数相似，电池成组和模块化使用中的主要参数仍然包括电压、内阻、容量、循环寿命等，不同的是测试时需要大电流高电压的测试设备，检测内容和检测目的也有所不同，主要检测电池模块的动态容量、功率密度、电压一致性、内阻一致性、倍率充放电性能、循环寿命、搁置和存储性能等。

四、锂离子动力电池的应用

（一）锂离子电池的应用领域

随着锂离子电池生产技术的不断提升以及生产成本的不断压缩，其应用领域也不断拓宽。在电动工具、交通、医疗、军事装备、航空航天等领域应用广泛。

1. 在便携式电器中的应用

目前移动电话、笔记本电脑、微型摄像机等需要便携式电源的用电器已经成为人们生活中不可缺少的一部分，据统计，全球手机产量每年近 10 亿部，笔记本电脑产量约 14 亿台，形成了庞大的锂离子电池应用市场。在此领域，钴酸锂、锰酸锂离子电池占有主导地位。

2. 在电动工具中的应用

我国电动工具年产量占世界电动工具产量的 70%，电动工具出口金额占世界电动工具出口额的 40% 以上，已成为世界电动工具的主要制造基地。电动工具要求电池的高倍率放电性能和循环性能，除此之外，还要求电池具有好的安全性、宽的使用温度范围和轻的重量等，锂离子电池以其自身性能的优越性，成为目前电动工具首选的配套电源，具有广阔的应用前景。

3. 在交通行业的应用

锂离子动力电池在交通行业的应用主要集中在电动自行车和电动汽车上，而且在电动自行车方面的应用比在电动汽车上的应用更为普遍。2005 年，电动自行车使用的电池大部分是铅酸蓄电池,但因其质量大、资源消耗大等缺点逐渐被锂离子电池所替代。锂离子电池因其重量轻、体积小、循环寿命长等特点逐渐成为电动自行车动力电池的主流。电动自行车上的锂离子电池的质量约为 3.5 kg,其循环寿命比较长,是铅酸蓄电池的 3～4 倍。2007 年锂离子动力电池的产量约为 9 万组,以配套电动自行车出口为主,国内销售量占总销售量的10%。国内销售的主要瓶颈是价格偏高,但成本下降的空间比较大。随着锂离子电池生产厂家的增加以及生产技术的不断成熟,锂离子动力电池在电动自行车市场的潜力巨大。

在电动汽车方面,国内众多汽车研制和生产企业开发的电动汽车半数以上车型采用了锂离子电池,并且应用范围有逐步扩大的趋势。国际上,已经宣布进入市场销售的纯电动汽车和插电式混合动力汽车,如日产公司的 Leaf、三菱公司的 i - MiEV 以及通用公司的 Volt均采用了锂离子电池系统。

4. 在军事装备及航空航天事业中的应用

在军事装备中,锂离子电池主要用作动力起动电源、无线通信电台电源、微型无人驾驶侦察飞机动力电源等,此外,诸如激光瞄准器、夜视器、飞行员救生电台电源、航示位标电源等现在也普遍采用锂离子电池。在航天领域,锂离子电池已经用于地球同步轨道卫星和低轨道通信卫星,作为发射和飞行中校正、地面操作的动力。

5. 其他领域中的应用

由于自身的结构特点和特殊的工作原理,决定了其原材料丰富、环保、比容量高、循环性能和安全性能好等特点,在医疗行业(例如心脏起搏器等)、石化行业(例如,采油动力负荷调整)、电力行业(例如,储能电源)等均具有广阔的应用前景。

(二)锂离子电池在电动汽车中的应用

1. 日产 Leaf 纯电动汽车

日产汽车公司 2009 年 8 月发布量产纯电动汽车 Leaf 车型(图 2 - 30),自 2010 年开始,

图 2 - 30　Leaf 纯电动汽车

已经在日本、美国和欧洲市场销售。截至 2013 年 9 月底,Leaf 全球累计销售量达 30 000 台。该车采用层叠式紧凑型锂离子电池供电,电池容量 24 kW·h,位于车辆底部、座椅下方,输出功率 90 kW(以上),能量密度 140 kW·h/kg,功率密度 2.5 kW/kg,电池单元数量 48 个,50 kW 直流快速充电(0～80%)只需不到 30 min,家庭 200 V 交流电则需 8 h。该车最高车速120 km/h,续驶里程 320 km。

2. 三菱 i‑MiEV 电动汽车

三菱汽车公司 i‑MiEV 纯电动汽车(图 2‑31)也已经于 2010 年开始销售。三菱 i‑MiEV 搭载一台 47 kW 的电机,由一组 330 V/16 kW·h 锂电池提供动力,最高车速 130 km/h,续驶里程可达 130 km 以上。这组锂电池可以利用家用电源进行充电,每次充电时间约为7 h,为了缩短过长的充电时间,电力公司推出了一个快充套装,只需 35 min 就可以充满电池80%的电量。

图 2‑31　三菱 i‑MiEV 电动汽车

3. 雪佛兰 Volt 电动汽车

雪佛兰 Volt 被称为 Extended-Range Electric Vehicle,即增程式电动汽车(图 2‑32)。

图 2‑32　雪佛兰 Volt 电动汽车

它通过一个质量为 181.4 kg(400 lb)的 16 kW·h 的 T 型锂离子电池组来储存电能,该电池组由多个相连的电池模块构成,总共包含 200 多个电池单元。仅使用电力驱动时,最多可以行驶 40 mile(1 mile＝1 609.33 m)。在发动机带动发电机发电并给蓄电池充电的情况下,Volt 可以行驶数百英里。Volt 在家庭中可以用 120 V 或 240 V 的电源为其充电,每次充电的成本也较低。

4. 特斯拉(Tesla)的 Model S 电动汽车

特斯兰(Tesla)的 Model S 于 2006 年面世,采用 53 kW·h 锂电池,电机功率 185 kW,峰值转矩 270 N·m,最高车速 201 km/h,续驶里程 393 km,0～60 mile/h 加速时间 3.7 s。其外观如图 2 - 33 所示。

图 2 - 33　特斯拉(Tesla)的 Model S 电动汽车

(三) 锂离子动力电池的失效机理

理想的锂离子电池,除了锂离子在正负极之间嵌入和脱出之外,不发生其他副反应,不出现锂离子的不可逆消耗。然而在实际应用中,锂离子电池中每时每刻都存在副反应和活性物质不可逆的消耗。如有不同程度的电解液分解、活性物溶解、金属锂沉积等。实际电池系统的每次循环中,任何能够产生或消耗锂离子或电子的副反应,都可能改变电池容量的平衡,而且这种改变是不可逆的。副反应通过多次循环累积,会对电池性能产生严重影响。造成锂离子电池容量衰退的原因主要如下。

1. 正极材料的溶解

以尖晶石 $LiMn_2O_4$ 为例,Mn 的溶解是引起 $LiMn_2O_4$ 可逆容量衰减的主要原因。Mn 的溶解沉积造成正极活性物质减少;溶解的 Mn 游离到负极时会造成负极 SEI 膜的不稳定,被破坏的 SEI 膜再形成时会消耗锂离子,造成锂离子的减少。Mn 的溶解是尖晶石 $LiMn_2O_4$ 锂离子电池容量衰减的重要原因。

2. 正极材料的相变化

一般认为，锂离子的正常脱嵌反应总是伴随着宿主结构摩尔体积的变化，引起结构的膨胀与收缩，导致氧八面体偏离球对称性并成为变形的八面体结构。这种现象叫作 Jahn-Teller（或 J-T 曲线）。在 $LiMn_2O_4$ 电池中，J-T 效应所导致的尖晶石型结构不可逆转变，也是容量衰减的主要原因之一。J-T 效应多发生在过放电阶段，在起始材料中加入过量的锂、掺杂 Ni、Co、Al 等阳离子或者 S 等阴离子可以有效地抑制 J-T 效应。

3. 电解液的分解

锂离子电池中常用的电解液主要包括由各种有机碳酸酯（如 PC、EC、DMC、DEC 等）的混合物组成的溶剂，以及由锂盐（如 $LiPF_6$、$LiClO_4$、$LiAsF_6$ 等）组成的电解质。在充电条件下，电解液对含碳电极具有不稳定性，故会发生还原反应，电解液还原消耗了电解质及溶剂，对电池容量及循环寿命产生不良影响。

4. 过充电造成的容量损失

电池在过充电时，会造成负极锂的沉积、电解液的氧化以及正极氧损失导致高电压区的 J-T 效应，这些都会导致电池容量衰减。

5. 自放电

锂离子电池的自放电所导致的容量损失大部分是可逆的，只有一小部分是不可逆的。造成不可逆自放电的原因主要有锂离子的损失（形成不可溶的 $LiCO_3$ 等物质），电解液氧化产物堵塞电极微孔，造成内阻增大等。

6. 界面膜（SEI）的形成

因界面膜的形成而损失的锂离子将导致两极间容量平衡的改变，在最初的几次循环中就会使电池的容量下降。另外，界面膜的形成使得部分石墨粒子和电极发生隔离而失去活性，也会造成容量的损失。

7. 集流体

锂离子电池中的集流体材料常用铜和铝，两者都容易发生腐蚀，集流体的腐蚀会导致电池内阻增加，从而造成容量损失。

任务小结

本任务对锂离子动力电池的类型特点、结构原理、性能检测及应用情况进行了介绍。
锂离子动力电池具有工作电压高、能量密度高、循环寿命长、自放电率小、无记忆效应、环保性高等优点,是目前最理想的电动汽车动力电源之一,在纯电动汽车、混合电动汽车中应用广泛。

锂离子动力电池有根据电池所用电解质材料不同的分类、根据电池正极所用材料不同分类、根据电池负极所用材料不同分类三种分类方式。其中最常用的是根据电池正极所用材料不同分类,分为磷酸铁锂($LiFePO_4$)电池、锰酸锂($LiMn_2O_4$)电池、钴酸锂($LiCoO_2$)电池、三元锂电池(正极材料为镍钴锰酸锂或镍钴铝酸锂)等。

锂离子动力电池作为新一代绿色可充电电池,相对于其他类型电池,具有不可比拟的优势,如工作电压高、能量密度高、循环寿命长等,但同时它也存在一些缺点,如内阻大、工作温度范围过宽等。

锂离子电池与其他类型动力电池相似,其组成的关键部分包括正极板、负极板、电解液、隔膜、安全阀、电池钢壳、顶部盖板等。

锂离子电池实际上是一种锂离子浓差电池,正、负极材料由两种不同的锂离子嵌入化合物组成。电池充放电过程中,Li^+可逆地在两个电极之间反复嵌入与脱嵌。充电过程中,正极材料中的Li^+从正极材料中脱嵌,进入电解液透过隔膜后嵌入负极材料内,等量的补偿电荷也会经外部电路从正极迁移至负极以保持电荷平衡。此时正极失去电子发生氧化反应,被称为阳极;负极则得到电子发生还原反应,被称为阴极,电流由负极流向正极。放电过程中,Li^+从负极材料中脱嵌,进入电解液透过隔膜后重新嵌入正极材料,补偿电荷同样经外部电路从负极迁移至正极。此时正极发生还原反应,被称为阴极;负极发生氧化反应,被称为阳极,电流由正极流向负极。

锂离子电池的性能有充放电特性、安全性、热特性及自放电与存储性能。

锂离子电池在电动工具、交通、医疗、军事装备、航空航天等领域应用广泛。其中在交通行业的应用主要集中在电动自行车和电动汽车上,而且在电动自行车方面的应用比在电动汽车上的应用更为普遍。

任务练习

一、判断题

1. 钛酸锂电池是以钛酸锂作为正极材料的锂电池,该电池的工作电压为 2.4 V,最高电压为 3.0 V。   (   )

2. 锂离子电池具有工作电压高、能量密度高、循环寿命长、自放电率小且环保性高等特点,逐渐成为电动汽车动力电池的主流选择。   (   )

3. 磷酸铁锂正极材料常用的合成方法是高温固相法。该方法工艺简单,已实现产业化,并且

产物粒径和形貌易于控制。　　　　　　　　　　　　　　　　　　　　　　　（　　）

4. 石墨作为碳负极材料之一，具有完整的层状晶体结构，与提供锂源的正极材料匹配性极好，其理论最大放电容量为 425 A·h/kg。　　　　　　　　　　　　　　（　　）

二、选择题

1. 根据锂离子电池正极所用材料不同，可以分为（　　）。【多选题】

   A. 钛酸锂电池　　　　　　　　　　　　　B. 磷酸铁锂电池

   C. 钴酸锂电池　　　　　　　　　　　　　D. 三元锂电池

2. 锂离子电池的电解质包括（　　）。【多选题】

   A. 非水液体电解质　　　　　　　　　　　B. 胶体电解质

   C. 聚合物电解质　　　　　　　　　　　　D. 固体电解质

3. 锂离子电池的月自放电率比镍镉、镍氢电池小（　　）。【单选题】

   A. 7%　　　　　　　B. 5%　　　　　　C. 20%　　　　　　D. 30%

三、简答题

1. 锂离子动力电池的基本构成有哪些？

2. 锂离子动力电池的正极材料有哪些类型？

3. 锂离子动力电池的负极材料有哪些类型？

4. 简要阐述锂离子动力电池的特点。

5. 简要阐述锂离子动力电池在电动汽车上的应用。

任务 4 其他类型动力电池结构及应用

任务目标

1. 了解锌空气电池的原理及应用。
2. 熟悉飞轮电池的原理及应用。
3. 理解超级电容的结构原理与应用。
4. 掌握燃料电池的结构原理与应用。

任务导入

某职业院校新能源汽车技术专业的学生学习了铅酸动力电池、镍氢动力电池、锂离子动力电池之后，发现目前电动汽车常用的动力电池有一个共同问题：充电时间长，在人们出现紧急情况的时候，电动汽车会因为电量不足而变成废车，车主体验感差。请学习其他类型动力电池相关知识，思考如何解决上面的问题，并形成一份优化方案。

知识储备

除铅酸蓄电池、镍氢电池、锂离子电池之外，还有许多种动力电池因其在能量密度、功率密度、使用寿命或安全性等一个或几个方面的优良特性，而在某些电动车辆上有所应用，或将成为未来应用的热点和重点。本节主要介绍锌空气电池、超高速飞轮电池、超级电容器以及燃料电池结构及应用。

一、锌空气电池结构原理与应用

锌空气电池是金属-空气电池中的一种，它以锌为负极活性物质，以空气中的氧气为正极活性物质，电解液一般采用碱性或中性的电解质水溶液，这种电池既可以做成一次电池，也可以做成二次电池。金属-空气电池的原材料来源丰富、性价比高、无污染，被称为是"面向

21 世纪的绿色能源"。

（一）锌空气电池的结构与原理

1. 锌空气电池结构

锌空气电池主要由正电极（空气电极）、负电极、电解液和隔膜等组成，如图 2-34 所示。其中正极是空气电极（氧电极），负极是金属电极（锌电极），电解液则主要是氢氧化钠或氢氧化钾碱性溶液。

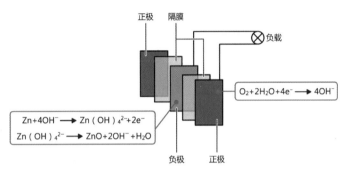

锌空气电池结构

图 2-34　锌空气电池的结构

（1）正电极（空气电极）。

空气电极是一种气体扩散电极，一种透气不透液、具有良好导电性和催化活性的薄膜。常见的空气电极薄膜一般由防水透气膜、集流网和催化膜三层压制而成。防水透气膜主要是按照一定比例把导电材料（碳黑或乙炔黑或它们的混合物）和造孔剂（硫酸钠、草酸铵、碳酸氢铵等）用分散剂乙醇混合均匀，再加入黏结剂（聚四氟乙烯）不断搅拌使之分散均匀，经凝聚后辊压而成；集流网可以是镍丝编织网、镍箔冲拉网、铜材编织网、铜材冲拉网或镀银铜网等；而催化膜主要是将催化剂（二氧化锰）、活性炭和硫酸钠用乙醇混合均匀后加入聚四氟乙烯乳液（加有少量亲水性纤维素）不断搅拌，待之分散均匀，经凝聚后辊压而成。常见的空气电极一般为集流网嵌入型，即按照防水透气膜、集流网和催化膜的顺序压制成型。

正极活性物质是来源于空气中的氧气。来自空气的氧气首先溶解在电解液中，然后扩散吸附到空气电极的催化膜上，在催化剂的催化作用下在"气、液、固"三相界面发生还原反应生成 OH^-。生成的 OH^- 再扩散到锌负极与锌发生反应。

（2）负电极。

负电极活性物质是金属锌或者锌合金（比如 Zn 与 Ga、In、Pb、Bi、Sn 等一种或多种元素的合金）的粉末或小颗粒。现在一般把锌粉或锌合金粉与适量凝胶剂（交联的羧甲基纤维素、交联的聚丙烯酸、聚丙烯酸的钾盐和钠盐等）混合均匀后，加入 25%～35% 带氧化锌的氢氧化钾电解液以及其他一些添加剂等调制成锌膏,然后把锌膏和阳极电流集流体黏结成负极。

（3）隔膜。

正极和负极之间必须放置一层绝缘的聚合物多孔隔膜以防止电池正负极发生短路。选用的隔膜材料可以是聚烯烃、聚酰胺（如尼龙）、碳氟型树脂、玻璃纸、过滤纸等中的一种材料或多种材料的复合物。

（4）电解液。

锌空气电池中所用的电解液是氢氧化钠、氢氧化钾碱性溶液,一般采用的是饱和的氢氧化钾的水溶液,溶液中含有减缓锌腐蚀的无机缓蚀剂或有机缓蚀剂。

2. 锌空气电池工作原理

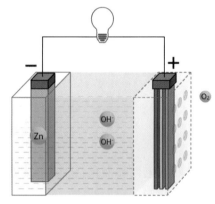

图 2-35　锌空气电池工作原理

锌空气电池以空气中的氧作为正极活性物质,金属锌作为负极活性物质,多孔活性炭作为正极,铂或其他材料作为催化剂,使用碱性电解质。氧气经多孔电极扩散层扩散到达催化层,在催化剂微团表面的三相界面处与水发生反应,吸收电子,生成 OH^-,阳极的锌与电解液中的 OH^- 发生电化学反应,生成 ZnO 和 H_2O,并释放出电子,电子被集成电层收集起来,在外电路中产生电流,如图 2-35 所示。

电池工作的化学反应式如下:

负极反应式:

$$Zn + 2OH^- \longrightarrow ZnO + H_2O + 2e^- \tag{2-7}$$

正极反应式:

$$\frac{1}{2}O_2 + H_2O + 2e^- \longrightarrow 2OH^- \tag{2-8}$$

总电池反应式:

$$Zn + \frac{1}{2}O^2 \longrightarrow ZnO \tag{2-9}$$

锌在电池介质中与空气中的氧发生氧化反应,产生电流供给外电路。锌空气电池阳极反应是锌的氧化反应,阴极反应是氧气的还原反应,其阴极反应与氢燃料电池中的阳极反应过程相同。因此,锌空气电池也可看作燃料电池的一种,称为金属燃料电池。在放电过程中,氧气在三相界面上被电化学还原成氢氧根离子,发生式（2-8）的电化学反应。

（二）锌空气电池的分类

锌空气电池根据其充电方式，以及在电动车辆及其他领域上应用的特点可分为 3 类：直接再充式锌空气电池、机械充电式锌空气电池以及注入式锌空气电池。

1. 直接再充式锌空气电池

直接再充式锌空气电池是直接对锌空气电池的锌电极充电，这一过程中，锌在碱性溶液中的电化学活性较大，热力学性质不稳定，充电产物锌酸盐在强碱溶液中的溶解度较高，容易出现电极变形、枝晶生长、自腐蚀及钝化等现象，从而导致电极逐渐失效。另外，空气电极可逆性差，在大气环境中电解液容易碳化，且电解液受空气湿度的影响较大。当空气相对湿度较低时，电池将损失水分，导致电解液不足，电池失效；当空气相对湿度较高时，电解液变稀，导电率降低，还有可能淹没气体电极的催化层，降低电极活性，从而导致电池失效。因此，直接再充式锌空气电池的应用受到一定限制。

2. 机械充电式锌空气电池

鉴于直接再充式锌空气电池存在的问题，根据锌空气电池的放电特征及自身特点，发展出机械充电式锌空气电池。机械式充电是指在电池完全放电后，将电池中用过的锌电极取出，换入新的锌电极，或者更换整个电池组，整个操作过程控制在 3～5 min 内。该方式有利于推动锌空气电池电动车辆的普及。使用过的锌电极或锌空气电池可以在专门的锌回收利用厂进行回收再加工，实现绿色环保无污染生产。机械更换电极或电池后，锌电极的再生一般按照图 2-36 所示的还原方式完成。经一系列的处理后，重新封装好的锌空气电池再次回到电池流通体系中。

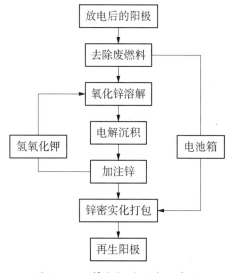

图 2-36　锌电极的再生示意图

3. 注入式锌空气电池

注入式锌空气电池的基本原理与机械充电式锌空气电池相似,本质上都是更换锌极活性物质。该种电池是将配制好的锌膏源源不断地通过挤压或压力输送送入电池内,同时将反应完毕的混合物抽取到电池外,这样在电动车辆上应用时,电池系统只需携带盛放锌膏的燃料罐,燃料罐加注足够的锌膏燃料就可实现车辆连续行驶。

(三) 锌空气电池的特点

1. 锌空气电池的优点

锌空气电池的发明已经有上百年的历史,因其容量大、能量高、工作电压平稳、使用寿命长、性能稳定、无毒无害、安全可靠、没有爆炸隐患、资源丰富、成本低廉等而被公认为优秀的电池之一。

(1) 容量大。

由于空气极的活性物质氧气来自周围的空气,材料不占用电池空间,更不需要材料成本,在相同体积、重量的情况下,锌空气电池可以储存更多的反应原料,因而容量比其他类型电池高很多。

(2) 能量密度高。

锌空气金属燃料电池的理论比能量可达 $1350\ W \cdot h/kg$,目前已研制成功的锌空气电池比能量已可达 $200\ W \cdot h/kg$ 以上,是铅酸电池的 5 倍。

(3) 价格低廉。

锌空气电池的阴极活性物质氧气来自周围空气,除了空气催化电极之外,不需要任何高成本的组件;阳极活性物质锌来源充足、资源丰富、价格便宜,并且,如果实现了锌的回收利用,其价格将进一步降低。

(4) 储存寿命好。

锌空气电池在储存过程中均采用密封措施,将电池的空气孔与外界隔绝,因而电池的容量损失极小,储存寿命好。

(5) 锌可以回收利用。

锌的来源丰富,生产成本较低、回收再生方便,回收再生成本也较低,可以建立废电池回收再生工厂。

(6) 绿色环保。

在使用中,锌空气金属燃料电池的正极消耗空气,负极消耗锌。负极物质放电完毕后变成氧化锌,可通过电解还原成锌。由于锌空气金属燃料电池的结构与其他电池不同,在使用完毕后,正负极物质容易分离,便于集中回收,其中负极的电解锌可以直接加入电池重新使用,这样不仅使生产成本大大降低,同时还提高了资源的有效利用率。对于某些不便回收的场合,由于锌空气金属燃料电池内无有害物质,即使抛弃也不会造成环境污染。

2. 锌空气电池的不足与改进

虽然锌空气电池具有其他电池无法比拟的优势,然而由于其正极采用多孔气体电极,工作时暴露于空气中。这一固有特性使锌空气电池仍存在很多问题,限制了其商品化进程。碱性锌空气电池发展的主要障碍是电池需要从外界环境吸氧,同时还存在与其他物质的交换(如水分交换和吸收二氧化碳),因此在工作状态下易受环境的影响而发生电解液"干涸"或吸潮及碳酸化。另外,锌空气电池的密封比较困难,也是实现其商品化必须解决的问题。

(1) 电解液的干涸与吸潮。

锌空气电池一般使用30%的氢氧化钾溶液。当空气的相对湿度大于60%时,锌空气电池会吸收环境中的水分,造成电解液浓度降低及溶液电导率下降,同时可能造成水分充满催化层中微孔,致使电极"淹死"。若吸水过多,还可能引起电池胀裂、漏液,影响电池密封和安全性。若空气的相对湿度小于60%时,电池内的水分蒸发会导致电解液"干涸",电池性能也会急剧下降。因此,锌空气电池水管理直接影响电池性能优劣,解决这一问题主要采用以下四种方法。

① 限制气体流量。锌空气电池采用小孔与外界空气相通,通过降低空气流量减少吸水量,以解决水问题。但这种方法牺牲了电池的大电流输出能力,只适用于中小功率电池。

② 装置空气扩散管理器。美国 AER 能源公司开发出一种大型锌空气电池使用的"空气扩散管理器",它结构简单、造价低廉,但是效率高、可操作性强,将其内置在电池中相当于在电池中安置了一个小型风扇。电池使用时,空气扩散管理器用以控制气体流动。电池停止使用时,风扇随即关闭,空气入口封闭,阻止二氧化碳和水汽的扩散,减缓由氧去极化引起的锌电极的腐蚀(自放电),从而有效阻止大气对电池的有害影响。空气扩散管理器的使用既保证了电池大电流的输出能力,同时又限制了气体交换,延长了电池的使用寿命。

③ 机械式开闭气孔。采用机械挤压式或电磁驱动开关,在电池工作时开启,提供所需气量。而在电池停止工作时封闭,使电池与外界隔离,杜绝储存时环境对电池的影响。

④ 高透氧、低透水蒸气的半透膜。半透膜对氧具有选择性通透能力,但是可以阻碍水蒸气的通过。因此采用这种膜既能保证电池正常工作,又可以避免较复杂的空气管理系统。但是,虽然半透膜会在一定程度上减少水蒸气的透过量,但同时也降低了氧气的透过量,降低了空气电极大电流输出能力,目前尚不能满足锌空气电池实用化的要求。

(2) 电解质的碳酸化。

在空气中的 O_2 进入电池的同时,CO_2 也会进入电池,锌空气电池的碱性电解液易吸收 CO_2,造成电解液碳酸化,降低溶液电导率,增加电池内阻,同时生成不溶性碳酸盐沉积于空气电极催化层的微孔内,阻塞微孔,使空气电池性能下降。

为了降低 CO_2 对电池的影响，可以采用化学吸附的方法去除，常用的吸收剂有碱石灰、乙醇胺等。另外，减少锌空气电池透气孔的数量和直径也可以降低 CO_2 对电池性能的影响，但同样会限制 O_2 的供应。大型锌空气电池常采用吸收剂吸收 CO_2，而小型锌空气电池则一般采用限制气体流量来降低 CO_2 的影响。

（3）电池的密封和防漏。

锌空气电池采用碱性电解液，容易发生爬碱或泄漏。较小的扣式电池主要是依靠机械压力将密封环压紧，以保证电池不漏碱，大型锌空气电池一般采用注塑或胶粘的方式来解决。采用流动电解液易造成电池泄漏、爬碱，而固态电解质和凝胶电解质由于无流动电解液，泄漏的风险较小。

（四）锌空气电池在电动汽车上的应用

1995 年，以色列电燃料（Electric Fuel）有限公司首次将锌空气电池用于 EV 上，使得锌空气电池进入了实用化阶段。美国 Dreisback Electromotive 公司以及德国、法国、瑞典、荷兰、芬兰、西班牙和南非等多个国家也都在 EV 上积极地推广应用锌空气电池。国内部分厂家已经在注入式锌空气电池方面开展了多年的研究工作，并且在部分电动车辆上进行了实验性装车测试。2010 年，北京市安排 5 辆电动大客车（图 2-37）和环卫车进行运行测试，另安排 50 辆电动大客车和电池，在北京市政府指定的线路进行路试，投入市公交和环卫系统的试验运行，为市场化运作提供可靠的依据。

图 2-37 锌空气电池纯电动公交车

以色列电燃料（Electric Fuel）有限公司开发的锌空气电池，装在载重 1 000 kg、总重 3 500 kg 的电动邮车上，实验结果：能量密度达到 270 W·h/kg，350 kg 的锌空气电池使电动邮车行驶了 300 km，最高车速可达 120 km/h，由静止加速到 80 km/h 为 12 s，该车具有良好的动力性能。更换锌粒匣和灌满电解质的时间为 2 min。以色列设有每小时能处理 10 kg 锌的再生处理厂,可以供给 10～15 辆电动邮车更换锌粒匣服务。

美国 Dreisback Electromotive 公司开发的锌空气电池已在公共汽车和总重 9t 的货车上使用,公共汽车可连续行驶 10 h 左右,货车最大续驶里程达 113 km。

德国奔驰汽车公司的 MB410 型电动厢式车,标准总质量为 4 000 kg,采用 150 kW·h 的锌空气电池,从法国的尚贝里(Chambery)城越过阿尔卑斯山,连续爬坡 150 km,山的最高处 2 083 m,公路全程 244 km,到达意大利的都灵,仅消耗了 65% 的电量(97.5 kW·h)。该车从德国的不莱梅到波恩,最高车速达到 120 km/h,一次充电后走完全程 425 km 的路程。

瑞典斯德哥尔摩市的电动车、电动客车和电动服务车辆上,采用大的锌空气电池,能量密度为 180 W·h/kg,功率密度为 100 W·h/L,续驶里程为 350～425 km。该市的锌空气电池废料回收处理能力为 250 kg/h,可为 150 辆 EV 提供再生的锌粒。

二、飞轮电池结构原理与应用

飞轮电池也称为超高速飞轮储能电池或飞轮储能器,它的概念起源于 20 世纪 70 年代早期,伴随着当时能源危机导致的电动汽车研发热潮出现,最初的应用对象是电动汽车。但是由于当时各种技术条件的限制,并未得到实际应用。随着技术的不断进步,基于比能量高、比功率高、电能和机械能之间的转化效率高、能快速充电、可实现免维护和具有良好的性能价格比等特点,超高速飞轮在电动汽车、航空航天、电网调峰、风力发电系统的不间断供电及军事等领域有着广泛的应用前景。

(一) 飞轮电池的结构与原理

飞轮电池技术主要涉及复合材料、电力电子技术、磁悬浮技术、超真空技术、微电子控制系统等学科,具有明显的多学科交叉和集成特点。下面介绍飞轮电池的结构和原理。

1. 飞轮电池的结构

飞轮电池利用超高速旋转的飞轮储存能量,并通过电能量转换装置实现机械能和电能的相互转换。飞轮电池主要由转子(飞轮)、电动机/发电机、真空容器、磁悬浮轴承、轴、辅助轴承、电力电子装置(电子控制电路)及输入输出设备和外壳等组成,如图 2-38 所示。

(1) 转子(飞轮)。

飞轮是飞轮电池的核心部件,它直接决定了整个装置的储能多少。飞轮在工作时转速非常高,其形状通常采用等应力原则进行设计,即飞轮转子的每一部分都具有相等的应力。因此,飞轮厚度应且必须伴随着转子半径的增加而递减,而且要求飞轮转子的材料绝对均匀和平衡,且必须有非常好的动平衡精度。可用作超高速飞轮转子的复合材料有 E 型玻璃、环氧石墨、S 型玻璃、环氧 B 纤维等。

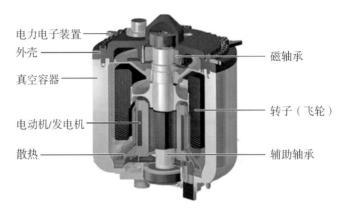

图 2-38   飞轮电池结构

（2）电动机/发电机。

飞轮电池中有一个内置电机，它既是电动机，也是发电机。在充电时，它作为电动机给飞轮加速；当放电时，它又作为发电机给外设供电，此时飞轮的转速不断下降；而当飞轮空闲运转时，整个装置则以最小损耗运行。由于电机转速高，运转速度范围大，且工作在真空之中，散热条件差，所以对电机的工作性能要求非常高。现在常用的电机有永磁无刷电机、三相无刷直流电机、磁阻电机和感应电机等。其中以永磁无刷直/交流电机应用居多。

（3）磁悬浮轴承。

为了减少损耗，延长使用寿命，超高速飞轮的轴承多采用非机械接触式，常用的有超导磁悬浮、电磁悬浮、永磁悬浮等支承方式。磁悬浮轴承技术具有以下特点：①非接触，没有磨损，寿命长且工作性能不变；②无须润滑，不需要润滑介质，故不用泵、管道、过滤器和密封件等，也不会因润滑剂泄漏而污染环境，并且能在高温或极低温（−253～450℃）等特殊环境下工作；③磁悬浮飞轮的转速只受转子离心力的限制，圆周转速高，因此转子角动量与质量比可以较大提高，从而减小了飞轮质量。

（4）真空容器。

飞轮电池的真空容器是为减小飞轮电池在超高速运转条件下转动时空气涡流对转子运动的影响，因此现代高速飞轮电池是在高度密封的环境中运转的，其真空容器的真空度为 $10^{-3}\sim10^4$ Pa。

（5）电力电子装置。

电力电子装置相当于飞轮电池的外设转换电路，它可以将外电路提供的电能供给电机；也可以将飞轮电池产生的电能传递给外电路。电力电子装置通常是由FET 或 IGBT 组成的双向逆变器，它们决定了飞轮储能装置能量输入输出量的大小,而与储能装置外接负载的性质无关。当外设通过电力电子装置给电机供电时,电机就作为电动机使用,它的作用是给飞轮加速,储存能量;当负载需要电能时,飞轮给电机施加转矩,电机又作为发电机使用,通过电力电子装置给外设供电。

2. 飞轮电池的工作原理

飞轮电池将外界输入的电能通过电动机转化为飞轮转动的动能储存起来,当外界需要电能的时候,又通过发电机将飞轮的动能转化为电能,输出到外部负载,要求空闲运转时候损耗非常小。

具体的工作原理如下:充电时,飞轮电池中的电极以电动机形式运转,在外电源的驱动下,电极带动飞轮高速旋转,即用电给飞轮电池"充电",增加了飞轮的转速;放电时,电机则以发电机状态运转,在飞轮的带动下对外输出电能,完成机械能(动能)到电能的转换,如图 2-39 所示。

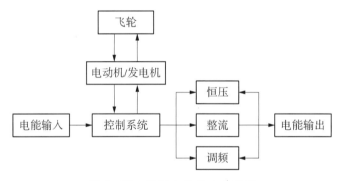

飞轮电池工作原理

图 2-39 飞轮电池的工作原理

飞轮电池储能是基于飞轮以一定角速度旋转时,可以存储动能的基本原理。飞轮作为储能的核心部件,储能量 E 由式(2-10)决定。

$$E = \frac{1}{2} j \omega^2 \qquad (2-10)$$

式中,j 为飞轮的转动惯量,与飞轮的形状和重量有关;ω 为飞轮转动的角速度。

(二) 飞轮电池优点

在特性上,飞轮电池兼顾了化学电池、燃料电池和超导电池等储能装置的诸多优点,具体如下。

(1) 能量密度高。储能密度可达 $100 \sim 200$ W·h/kg,功率密度可达 $5\,000 \sim 10\,000$ W/kg。

（2）能量转换率高，工作效率高达 90%。

（3）工作温度范围宽。对环境温度没有严格要求。其他类型电池均存在一定工作温度范围的限制。

（4）使用寿命长。不受重复深度放电影响，能够循环几百万次运行，预期使用寿命 20 年以上。其他类型电池的使用寿命最多可达 10 年左右。

（5）低损耗、低维护。磁悬浮轴承和真空环境使机械损耗可以被忽略，系统维护周期长。

（三）飞轮电池的应用现状

1. 飞轮电池的应用领域

（1）交通运输领域。

飞轮电池充电快、放电安全，非常适合在车辆上应用。现在由于成本和小型化问题，仅在部分电动汽车和火车上有示范性应用，并且主要是混合动力电动车辆，车辆在正常行驶或制动时，给飞轮电池充电，在加速或爬坡时，飞轮电池则给车辆提供动力，保证发动机在最佳状态下运转。

（2）航空航天领域。

航空航天方面包括在人造卫星、飞船、空间站上的应用等。飞轮电池一次充电可以提供同重量化学电池两倍的功率，同负载的使用时间为化学电池的 3～10 倍。同时，因为它的转速是可测可控的，故可以随时查看剩余电能。美国太空总署已在空间站安装了 48 个飞轮电池，联合在一起可提供超过 150 kW 的电能。

（3）不间断电源。

飞轮电池作为稳定电源，可提供几秒到几分钟的电能，这段时间足以保证工厂进行电源切换。德国的一家公司制造了一种使用飞轮电池的 UPS，在 5s 内可提供或吸收 5MW 的电能。

2. 飞轮电池在电动汽车上的应用

20 世纪 80 年代初，瑞士 Oerlikon Energy 公司成功研制了完全由飞轮电池供能的电动公交客车，可载客 70 名，在行驶过程中，需要在每个车站（站间距约 800 m）停车充电 2 min。1987 年，德国开发了飞轮电池混合动力汽车，利用飞轮电池吸收 90% 的制动能量，并在需要短时加速等工况下输出电能补充内燃机功率的不足。1992 年，美国飞轮系统公司（ASF）采用纤维复合材料制造飞轮，并开发了飞轮电池电动汽车，该车一次充电续驶里程达到 600 km。

保时捷 911 GT3 采用机电飞轮代替蓄电池为能源，如图 2 - 40 所示。该系统包括一台连接有电动机/发电机的电动飞轮。飞轮最高转速高达 40 000 r/min。

①电能控制 ②左右前轮轴电动机 ③高压电线 ④电控飞轮电池 ⑤电能控制器

图 2-40 保时捷 911 GT3 采用飞轮电池储能

沃尔沃在赛车上应用动能回收系统(kinetic energy recovery systems，KERS)采用的就是机械飞轮储能结构，如图 2-41 和图 2-42 所示，将来自车身的动能储存在由一块重量 6 kg、直径 20 cm 的碳纤维组成的飞轮模块中，需要释放时，其通过 CVT 变速模块将能量传递至后桥直接驱动车轮。官方测试的结果表明，使用了该技术的 4 缸涡轮增压发动机可以达到 6 缸涡轮增压发动机的水平，同时相比 6 缸涡轮增压发动机减少 25% 的油耗。

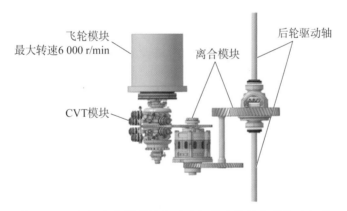

图 2-41 沃尔沃的 KERS 采用的机械飞轮储能结构的组成

图 2-42 飞轮式 KERS 本体

超高速飞轮作为电动汽车唯一的储能电池时,飞轮储能电池的质量、尺寸将显得非常庞大,并且充电时间也会相应较长。而如果作为辅助能源供给使用时,则可以达到较好的利用效果。

三、超级电容器结构原理与应用

超级电容器,简称超级电容,又叫作双层电容器(electrical double-layer capacitor),是一种通过极化电解质来储能的电化学元件,但在储能的过程中并不发生化学反应,其储能过程是可逆的,可以反复充放电数十万次。与传统的电容器和二次电池相比,超级电容器的比功率是电池的 10 倍以上,储存电荷的能力比普通电容器高,并具有充放电速度快、循环寿命长、使用温度范围宽、无污染等优点,是一种非常有前途的新型绿色能源。

(一)超级电容器的结构与原理

1. 超级电容器组成

超级电容器是由两个彼此绝缘的平板型金属电容板组成,在两块电容板之间用绝缘材料隔开。超级电容器主要由多孔电极、引出电极(集电极)、隔膜(离子渗透膜)、电解液和外壳等组成,如图 2-43 所示,电极材料与集电极之间要紧密相连,以减小接触电阻;隔膜应满足具有尽可能高的离子电导和尽可能低的电子电导的条件,一般为纤维结构的电子绝缘材料,如聚丙烯膜。电解液的类型根据电极材料的性质进行选择。

超级电容器结构

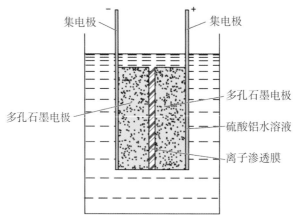

图 2-43 超级电容器的结构

2. 超级电容器工作原理

超级电容器与普通电容器一样,具有存储电能和释放电能的作用。当电容器放电时,电压降低,电场能量减小,电容器释放能量,可释放能量的最大值为 E。当电容元件充电时,电容元件上的电压升高,电场能量增大,电容器从电源上获得电能,电容器存储的能量 E 为

$$E = \frac{CU^2}{d} \qquad\qquad (2-11)$$

式中,U 为外加电压(V)。

当外加电压加到超级电容器的两个极板上时,与普通电容器一样,极板的正极板存储正电荷、负极板存储负电荷,在超级电容器的两极板上电荷 q 产生的电场作用下,电解液与电极间的界面上形成相反的电荷,以平衡电解液的内电场,这种正电荷与负电荷在两个不同相之间的接触面上,以正负极之间极端间隙排列在相反的位置上,这个电荷分布层叫作双电层,因此电容量非常大。

超级电容器具体的工作原理为：充电时,电子通过外加电源由正极流向负极,同时,正负离子从液体相中分离并分别移动到电极表面,形成双电层；充电结束后,电极上的正负电荷与溶液中相反电荷离子相吸引而使双电层稳定,在正负极间产生相对稳定的电位差,如图 2-44 所示。在放电时,电子通过负载从负极流到正极,在外电路中产生电流,正负离子从电极表面被释放进入液体相,呈电中性。超级电容器的充放电过程始终是物理过程,没有化学反应,因此性能更加稳定。

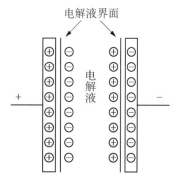

图 2-44　超级电容器工作原理

（二）超级电容器的分类

1. 按工作原理分类

按工作原理来分,超级电容器可分为双层型超级电容器和赝电型超级电容器两种类型。

（1）双电层型超级电容器。

双电层型超级电容器的电极材料有活性炭电极材料、碳纤维电极材料、碳气凝胶电极材料和碳纳米管电极材料等,采用这些材料可以制成平板型超级电容器和绕卷形溶剂电容器。平板型超级电容器,可以达到 300 V 以上的工作电压。绕卷形溶剂电容器,采用电极材料涂覆在集流体上,经过绕制得到,这类电容器通常具有更大的电容量和更高的功率密度。

（2）赝电型超级电容器。

赝电型超级电容器包括金属氧化物电极材料与聚合物电极材料,金属氧化物材料包括 NiO_x、MnO_2、V_2O_5 等作为正极材料,活性炭作为负极材料制备超级电容器。导电聚合物

材料包括 PPY、PTH、PAni、PAS、PEPT 等经 P 型或 P/N 型掺杂制取电极,以此制备超级电容器。这一类型超级电容器具有非常高的能量密度。

2. 按电解质类型分类

按电解液的类型来分,超级电容可分为有机电解液超级电容和水基电解液超级电容。

(1) 有机电解液超级电容。

有机电解液的优点是可以提高超级电容的单体电压,使之达到 2.0 V 以上,电容电压可以稳定在 2.30 V,瞬时甚至可以达到 2.7 V。因此使用有机电解液的电容比能量比较高,可以达到 18 W·h/kg。

缺点是使用有机电解液必须采用特殊的净化工艺,且电极上必须覆盖特定涂层以避免对电极腐蚀;另一个缺点是电解液的电离比较困难,所以电阻比较大,通常是水溶液的 20 倍以上,甚至达到 50 倍,因此比功率指标较低。

(2) 水基电解液超级电容。

水基电解液超级电容最大优点是内阻很低,使其可以获得较高的比功率。第二个优点是提纯和干燥加工工艺简单,降低了超级电容的总成本。缺点在于水的分解电压比较低,水基超级电容电压无法超过 2 V。

水基电解液超级电容器又可分为:

① 酸性电解液,多采用 36%(质量分数)的 H_2SO_4 水溶液作为电解质。

② 碱性电解液,通常采用 KOH、NaOH 等强碱作为电解质,水作为溶剂。

③ 中性电解液,通常采用 KCl、NaCl 等盐作为电解质,水作为溶剂,多用于氧化锰电极材料的电解液。

有机电解液电容器通常采用 $LiClO_4$ 为典型代表的锂盐、$TEABF_4$ 作为典型代表的季铵盐等作为电解质,有机溶剂如 PC、CAN、GBL、THL 等作为溶剂,电解质在溶剂中接近饱和溶解度。

3. 按照功能划分

与蓄电池相同,超级电容器也可分为能量型和功率型。能量型特点是比能量高,主要用于高能输入、输出场合;功率型特点是比功率高,主要用于瞬间高功率输入、输出场合。目前开发的能量型超级电容器比能量已经达到 30 W·h/kg,接近铅酸电池水平,比功率达到 3 000 W/kg,可以连续几分钟到几十分钟输出较高强度的电流,单体容量最高可达到 100 000 F 以上;功率型超级电容器能量密度达到 6～10 W·h/kg,比功率达到 8 000 W/kg,可以输出几秒到几十秒的瞬间大电流,承担设备起动所需要的大功率电能,单体容量一般 50 F 以上,50 000 F 以下。

（三）超级电容器的特点和特性

1. 超级电容器特点

（1）超级电容器优点。

当前研制成功的超级电容器具有如下优点：

① 输出功率密度高。超级电容器的内阻很小，并且在电极/溶液界面和电极材料本体内均能够实现电荷的快速储存和释放，因而它的输出功率密度较高，是任何一个化学电源无法比拟的，是一般蓄电池的数十倍。

② 极长的充放电循环寿命。超级电容器在充放电过程中没有发生电化学反应，其循环寿命可达万次以上。

③ 非常短的充电时间。从目前已经做出的超级电容器充电试验结果来看，在电流密度为 $7\,mA/cm^2$ 时（相当于一般蓄电池充电电流密度），全充电时间只要 $10\sim12\,min$。

④ 妥善解决了储能设备高比功率和高比能量输出之间的矛盾。将它与蓄电池组合起来，就会成为一个兼有高比能量和高比功率输出的储能系统。

⑤ 储存寿命极长。超级电容器充电之后储存过程中，虽然也有微小的漏电电流存在，但这种发生在电容器内部的离子或质子迁移运动乃是在电场的作用下产生的，并没有出现化学或电化学反应，没有产生新的物质。再者，所用的电极材料在相应的电解液中也是稳定的，因而超级电容器的储存寿命几乎可以认为是无限的。

⑥ 高可靠性。超级电容器工作过程中没有运动部件，维护工作极少，也不必像蓄电池那样要充放电维护，因而超级电容器的可靠性是非常高的。

⑦ 工作温度范围宽。能在 $-40\sim60\,℃$ 的环境温度中正常工作。

（2）超级电容器缺点。

超级电容器自身存在的缺点：

① 线性放电。超级电容器线性放电的特性使其无法完全放电。

② 低能量密度。作为纯电动应用续驶里程太短。

③ 低电压。需要较多的数量串联形成高压系统，耐过充电、过放电性能差。

④ 高自放电。

⑤ 价格高。

这些特点决定了超级电容器主要用于混合电动车作为功率辅助应用，或者与其他蓄电池系统组合成复合电源弥补蓄电池功率性能的不足。上海瑞华利用超级电容器快速充电的特点，设计了超级电容器纯电动公交车，在公交停站期间进行快速充电。但其对于充电设施的设置与安全、车辆停靠位置等均有要求，停站期间可能还会引起车辆拥堵情况，影响车辆的充电和其他车辆的正常运行。一次充电续驶里程也受限，只能适应于特定的场合。

2. 超级电容器特性

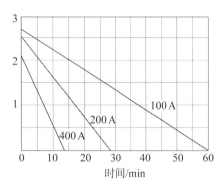

图 2-45 超级电容器放电曲线

超级电容器具有与电池不同的充放电特性,放电曲线如图 2-45 所示。在相同的放电电流情况下,电压随放电时间呈线性下降的趋势。这种特性使超级电容器的剩余能量预测以及充放电控制相对于电池的非线性曲线简单许多。

超级电容器的容量也不同于电池,其额定容量单位为法拉(F)。定义为以规定的恒定电流(如 1 000 F 以上的超级电容器规定的充电电流为 100 A,200 F 以下的为 3 A)充电到额定电压后保持 2~3 min,在规定的恒定电流放电条件下放电到端电压为零所需的时间与电流的乘积再除以额定电压值。即

$$C = \frac{It}{V} \tag{2-12}$$

式中,C 为超级电容额定容量;I 为充电电流;t 为充电时间;V 为额定电压。

在超级电容器放电过程中,由于其等效串联电阻(ESR)比普通电容器大,因而充放电时 ESR 产生的电压降不可忽略,如 2.7 V/500 F 超级电容器的 ESR 为 0.4 mΩ,在 100 A 电流放电时的 ESR 电压降为 40 mV,占额定电压的 1.5%,在 950 A 电流放电时的 ESR 电压降为 380 mV,占额定电压的 14%。

(四) 超级电容器在电动汽车上的应用

超级电容器由于具有比功率高、循环寿命长、充放电时间短等优势,已成为理想的电动车的电源之一。目前,世界各国争相研究,并越来越多地将其应用到电动车辆上。美国能源部最早于 20 世纪 90 年代就在《商业时报》上发表声明,强烈建议发展电容器技术,并将这项技术应用于电动汽车上。能源部的声明使得像 Maxwell 等一些公司开始进入电化学电容器这一领域。Maxwell 公司所开发的超级电容器在各种类型电动汽车上都得到了良好的应用。美国 NASALewis 研究中心研制的混合动力客车采用超级电容器作为主要的能量存储系统。

日本是将超级电容器应用于混合动力电动汽车的先驱,本田的 FCX 燃料电池-超级电容器混合动力汽车是世界上最早实现商品化的燃料电池轿车,该车已于 2002 年在日本和美国加利福尼亚州上市;日产公司于 2002 年 6 月 24 日生产了安装有柴油机、电动机和超级电容

器的并联混合动力货车,此外还推出了天然气超级电容器混合动力客车,该车的经济性是原来传统天然气汽车的2～4倍;日本富士重工推出的电动汽车已经使用了日立机电制作的锂离子蓄电池和松下电器制作的储能电容器的联用装置。

　　国内以超级电容器为储能系统的电动汽车的研究取得了一系列成果。2004年7月,我国首部"电容蓄能变频驱动式无轨电车"在上海张江投入试运行,该公交车利用超级电容器比功率大和公共交通定点停车的特点,当电车停靠站时在30 s内快速充电,充电后就可持续提供电能,时速可达44 km/h。哈尔滨工业大学和句容集团研制的超级电容器电动公交车,可容纳50名乘客,最高速度20 km/h,2010年上海世博会期间,在世博园内也运行了采用超级电容器驱动的电动客车,如图2-46所示。

图2-46　上海世博会上采用超级电容器的电动客车

　　在纯电动汽车和混合动力电动车辆上采用超级电容器-蓄电池复合电源系统被认为是解决未来电动车辆动力问题的最佳途径之一。随着对电动汽车用超级电容器的进一步研究和开发,超级电容器-蓄电池复合系统在满足性能和成本要求上更具有实用性,其市场前景广阔。

四、燃料电池结构原理与应用

(一)燃料电池的结构与原理

　　燃料电池是一种新型发电技术,是继水力、火力和核能发电之后的第四类发电技术,单体燃料电池结构如图2-47所示;燃料电池组结构如图2-48所示。这里以质子交换膜燃料电池为例介绍其结构和原理。

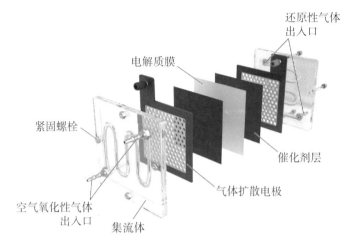

图 2-47　单体燃料电池结构

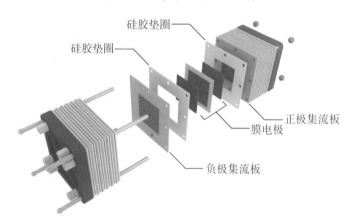

图 2-48　燃料电池组结构

1. 质子交换膜燃料电池结构

质子交换膜燃料电池(proton exchange membrane fuel cell)是一种燃料电池,在原理上相当于水电解的"逆"装置。质子交换膜燃料电池的单电池主要由阳极、阴极、质子交换膜、阳极催化层、阴极催化层和集流体等组成,如图 2-49 所示。阳极为氢燃料发生氧化的场所;阴极为氧化剂还原的场所;两极都含有加速电极电化学反应的催化剂;质子交换膜作为传递 H^+ 的介质,只允许 H^+ 通过,而 H_2 失去的电子则从导线通过;集流板的主要作用是向电极输送反应物气体。工作时相当于一直流电源,阳极即电源负极,阴极即电源正极。

(1) 电极。

燃料电池的阴极和阳极统称为电极。电极的材料为聚四氟乙烯(PTFE),又称特氟纶(Teflon),并且在其表面涂有 $200\sim300\ \mu m$ 厚的碳,其上有孔,允许燃料

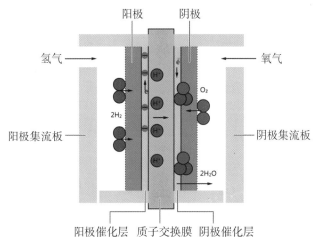

图 2-49　质子交换膜燃料电池的结构

和氧化剂气体通过小孔进行扩散和水的通过,碳层用于收集电子并为其通过提供通路。

（2）催化层。

在电极和膜之间有一个很薄的催化剂层,该层由非常精细的铂粒(Pt)与大量的碳粒组成,并且加入少量的聚四氟乙烯(PTFE),直接涂在电极表面,这种结构使反应物与催化剂之间有最大的接触面积,而且由于特氟纶存在,能将水排出到电极气体通道。质子交换膜燃料电池(PEMFC)通常采用氢气和氧气(或空气)作为反应气体。为了加快电化学反应速率,气体扩散电极上都含有催化剂。电极催化剂包括阴极催化剂和阳极催化剂两类。

（3）质子交换膜。

质子交换膜是 PEMFC 的关键部分,它能起到分隔燃料和氧化剂、传导质子和绝缘电子的作用,其性能和寿命直接决定电池的性能和寿命。因此质子交换膜应具有以下特性:

① 良好的质子导电性。

② 气体(尤其是氢气和氧气)在膜内的渗透性尽可能小。

③ 足够高的机械强度。

④ 聚合物本身不溶于水,但具有较好的水合能力。

⑤ 在电池工作环境下有较高的热稳定性和化学稳定性。

⑥ 对燃料和氧化剂有较好的阻隔作用。

⑦ 与催化剂有较好的结合能力。

目前开发研究的质子交换膜根据其氟含量的多少可以分为全氟质子交换膜、部分氟化质子交换膜和非氟化质子交换膜。PEMFC 使用的质子交换膜主要是 Nafion 膜。Nafion 膜是一种全氟磺酸膜,具有高的电导率和化学稳定性,但其高温下失水严重引起电导率的显著降低,同时其价格昂贵。

（4）集流体。

质子交换膜电池 PEMFC 的集流板位于最外层，其上开有槽，它的主要作用是向电极输送反应物气体，同时在"电池堆"中将各个电池连接起来，要求具有导电性好、机械强度高、适合自动化生产、有较低的成本、抗腐蚀能力强、不允许反应物气体的渗透等特性。

2. 质子交换膜燃料电池原理

质子交换膜燃料电池（PEMFC）通常采用氢气和氧气（或空气）作为反应气体。为了加快电化学反应速率，气体扩散电极上都含有催化剂。电极催化剂包括阴极催化剂和阳极催化剂两类。

它能将储存在燃料（H_2）和氧化剂（O_2）中的化学能转变成电能，只要不断地供给燃料和氧化剂，它就能不断地输出电能。图 2-50 是 PEMFC 工作原理示意图，图 2-51 是 PEMFC 电极反应示意图。

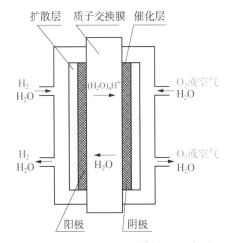

图 2-50　PEMFC 工作原理示意图

质子燃料电池
工作原理

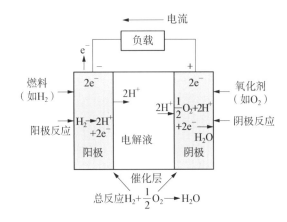

图 2-51　PEMFC 电极反应

　　燃料与空气被分别送进燃料电池,在其两极产生电动势,若将外电路连接起来就产生电流。燃料电池与传统的电池一样有正、负电极,正、负电极板被电解液(质子交换膜内含电解液)分开。为了加快化学反应的速率,正、负电极板上附有催化剂,以促进化学反应进行。氢气通过双极板上的导气通道到达电池的阳极,通过电极上的扩散层到达质子交换膜,在阳极催化剂的作用下解离为 2 个氢离子,即质子,并且释放出 2 个电子。

　　正极反应：$H_2 \longrightarrow 2H^+ + 2e^-$

　　在电池的另一端,氧气或空气通过双极板上的导气通道到达电池的阴极,通过电极上的扩散层到达质子交换膜。同时,氢离子与电解质膜发生质子交换产生的氢离子到达阴极,电子通过外电路也到达阴极。在阴极催化剂的作用下,氧与氢离子和电子发生反应生成水。

　　负极反应：$\dfrac{1}{2}O_2 + 2H^+ + 2e^- \longrightarrow H_2O$

　　总的化学反应：$\dfrac{1}{2}O_2 + H_2 \longrightarrow H_2O$

　　与此同时,电子在外电路中形成电流,通过适当连接可以向负载输出电能,生成的水通过电极随反应尾气排出。

　　通常单个 PEMFC 的输出电压很低,只有 0.7 V 左右,为了满足需要,实际应用中都是将多个 PEMFC 串联或并联连在一起组成电池堆使用。通过这种方法可使数十个甚至数百个 MEA 叠放在一起,由于这是一种模块化结构,很容易实现各种容量要求,而且维护、维修方便。值得一提的是,PEMFC 电池堆的输出为直流,当给交流设备供电时,电池堆的输出需要经过 DC/AC 变换器,将输出变成交流。

（二）燃料电池的分类与特点

1. 燃料电池的分类

燃料电池的分类有很多种方法,可以依据其工作温度、燃料种类、电解质类型进行分类。

（1）按照工作温度分类,燃料电池可分为低温、中温和高温三类。工作温度介于室温至 100℃的称为低温燃料电池,包括碱性燃料电池和质子交换膜燃料电池;工作温度介于 100～300℃的称为中温燃料电池,主要包括培根型碱性燃料电池和磷酸型燃料电池;工作温度介于 600～1000℃之间的称为高温燃料电池,包括熔融碳酸盐燃料电池和固体氧化物燃料电池。

（2）按照燃料种类分类,燃料电池也可分为三类。第一类是直接式燃料电池,即燃料直接使用氢气;第二类是间接式燃料电池,其燃料通过某种方法把甲烷、甲醇或其他类化合物转变成氢气或富含氢的混合气后再供给燃料电池;第三类是再生燃料电池,是指把电池生成的水经适当方法分解成氢气和氧气,再重新输送给燃料电池。

（3）按开发早晚顺序来分，燃料电池可分三代。PAFC 称为第一代燃料电池，MCFC 称为第二代燃料电池，SOFC 称为第三代燃料电池。

（4）按电解质类型分类，可分为如下几类：碱性燃料电池（AFC）、磷酸燃料电池（PAFC）、熔融碳酸盐燃料电池（MCFC）、固体氧化物燃料电池（SOFC）、质子交换膜燃料电池（PEMFC）。在此分类下，不同类型燃料电池的主要区别见表 2-3。

表 2-3 不同类型燃料电池的主要区别

燃料电池	典型电解质	工作温度	优点	缺点
碱性燃料电池	$KOH-H_2O$	80℃	启动快；室温常压下工作	需以纯氧做氧化剂
磷酸燃料电池	H_3PO_4	200℃	对 CO_2 不敏感	对 CO 敏感；工作温度较高；低于峰值功率输出时性能下降
固体氧化物燃料电池	$ZrO_2-Y_2O_3$	1 000℃	可用空气做氧化剂；可用天然气或甲烷做燃料	工作温度高
熔融碳酸盐燃料电池	Na_2CO_3	650℃	可用空气做氧化剂；可用天然气或甲烷做燃料	工作温度高
质子交换膜燃料电池	含氟质子交换膜	80～100℃	寿命长；可用空气做氧化剂；工作温度低；启动迅速	对 CO 敏感；反应物需加湿；成本高

2. 燃料电池的特点

作为一种新型的电池技术，燃料电池具有如下特点。

（1）燃料电池的优点。

① 能量转换效率高。燃料电池是通过电化学反应直接将化学能转变为电能，不受热力循环-卡诺循环的限制，因此能量转换效率比热机和发电机能量转换效率高得多，燃料电池的能量转换效率高达 $60\%\sim80\%$，其理论能量转换效率可达 90%。即使发电规模很小，也具有与大规模火力发电同等的发电效率。

② 无环境污染。燃料电池几乎不排放氮的氧化物和硫的氧化物；二氧化碳的排放量也比常规发电厂减少 40% 以上；工作时声音非常小，噪声污染小。对于氢燃料电池而言，其化学反应产物仅为水，从根本上消除了 CO、NOx、SOx、粉尘等大气污染的排放，可实现零污染。另外，燃料电池是按照电化学反应原理工作的，本身无热机、活塞、发动机等机械运动部分，工作时仅有气体和水的流动，故操作环境无噪声污染。

③ 使用寿命长。通常的化学电池的氧化剂和还原剂是共存于一个电池体中，因而电池的使用寿命往往较短。燃料电池与常规电池的主要不同之处在于它的燃料和氧化剂不是储

存在电池中,而是储存在电池外部的储罐中。从理论上讲,如果不间断供给燃料,燃料电池就能实现长时间不间断的供电,这是其他普通的化学电池不能比拟的。这使得燃料电池在便携设备中的使用有较好的前景。

④ 燃料多样。虽然燃料电池的工作物质主要是氢,但它可用的燃料有煤气、沼气、天然气等气体燃料,甲醇、轻油、柴油等液体燃料,甚至包括洁净煤。根据实际情况,可以因地制宜地使用不同的燃料或将不同燃料进行组合使用,达到就地取材、节省资金的目的。

⑤ 比能量高。液氢燃料电池的比能量是 Cd - Ni 电池的 800 倍,直接甲醇燃料电池的比能量比锂离子电池(能量密度最高的充电电池)高 10 倍以上,目前,燃料电池的实际比能量尽管只有理论值的 1/10 左右,但仍比一般电池的实际比能量高得多。许多燃料电池阴极采用空气作为氧化剂,减少了阴极部分的重量,这也是燃料电池比能量高的一个因素。

(2)燃料电池的不足。

① 燃料电池造价偏高。车用 PEMFC 的成本中质子交换隔膜(300 美元/m^2)约占成本的 35%;铂催化剂约占 40%,二者均为贵重材料。

② 反应/启动性能。燃料电池的启动速度尚不及内燃机。反应性可借增加电极活性、提高操作温度及反应控制参数来达到,但提高稳定性则必须避免副反应的发生。反应性与稳定性常是鱼与熊掌不可兼得的。

③ 碳氢燃料无法直接利用。除甲醇外,其他的碳氢化合物燃料均需经过转化器、一氧化碳氧化器处理产生纯氢气后,方可供现今的燃料电池利用。这些设备亦增加燃料电池系统的投资额。

④ 氢气储存技术。FCV 的氢燃料是以压缩氢气为主,车体的载运量因而受限,每次充填量仅约 2.5~3.5 kg,尚不足以满足现今汽车单程可跑 480~650 km 的续驶能力。以 $-253℃$ 保持氢的液态氢系统虽已测试成功,但却有重大的缺陷:约有 1/3 的电能必须用来维持槽体的低温,使氢维持于液态,且从隙缝蒸发而流失的氢气约为总存量的 5%。

⑤ 氢燃料基础建设不足。氢气在工业界虽已使用多年且具经济规模,但全世界充氢站仅约 70 站,仍是示范推广阶段。此外,加气时间颇长,约需时 5 min,尚跟不上工商时代的步伐。

总体而言,燃料电池技术的研究和开发还是受各国政府与大公司的重视,被认为是 21 世纪首选的洁净、高效的发电技术。

(三)燃料电池系统组成

燃料电池系统是由燃料电池电堆系统和辅助子系统组成的,如图 2 - 52 所示。

1. 燃料电池电堆

燃料电池电堆主要由质子交换膜、双极板、膜电极组件和催化剂等组成。

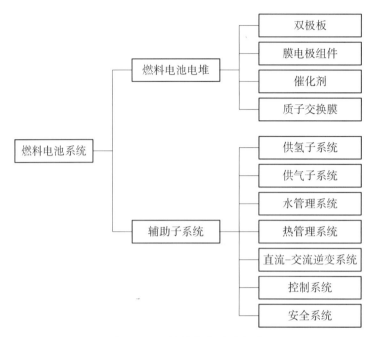

图 2-52 燃料电池系统组成

（1）质子交换膜。

质子交换膜是燃料电池（PEMFC）的核心元件。从膜的结构来看，质子交换膜（PEM）大致可分为三大类：磺化聚合物膜、复合膜、无机酸掺杂膜。目前研究的 PEM 材料主要是磺化聚合物电解质，按照聚合物的含氟量可分为全氟磺酸质子交换膜、部分氟化质子交换膜以及非氟质子交换膜等。伊维经济研究院在研究报告中提到目前最常用的质子交换膜是美国科慕（杜邦）的 Nafion 全氟磺酸膜、戈尔公司的 select 复合膜。

质子交换膜国外已实现规模化生产，主流企业有戈尔、科慕、旭硝子、旭化成等；国内技术水平与国外相当，但多处在中试阶段，能够批量化供应的只有东岳集团，已进入 AFCC（奔驰福特合资公司）供应链。目前应用最多的全氟磺酸膜具有化学性能好、质子传导率高等优点，但其产品的合成及磺化工艺复杂，成本高；此外全氟磺酸膜对温度和含水量要求高，以 Nafion 膜为例，其最佳工作温度为 $70\sim90℃$，过高温度会使其含水量急剧降低，导电性迅速下降，因此电极反应速度难以提高，催化剂也容易中毒，从而损害电堆寿命。故而部分氟化、无氟化、复合质子交换膜、高温质子交换膜为重要研究方向，它们加工简单、成本低、稳定性更优。

（2）双极板。

双极板是电堆的多功能部件，其主要作用是通过表面的流场给膜电极输送反应气体，同时收集和传导电流（多个单电池通过双极板串联）并排出反应的热量及产物水。其重量约占电堆的 80%,成本约占 30%。双极板材料目前主要是石墨双极板、金属双极板和复合板,伊维经济研究院调研发现石墨双极板当前应用最为广泛。石墨双极板耐腐蚀性强,导电导热好,但气密性较差,厚度大且加工周期长,成本较高。另一方面,由于乘用车空间限制,高功率、低成本的金属双极板具有更好的应用前景,目前国外已实现商业化利用。复合双极板更适合批量化生产,但目前研发程度较低。

(3) 膜电极组件。

膜电极是电堆的"电芯",决定了电堆性能、寿命和成本的上限,成本占据电堆 60% 以上。膜电极组件是集膜、催化层、扩散层于一体的组合件,是燃料电池单体的最重要组件。伊维经济研究院研究发现,目前,国际上已经发展了 3 代膜电极技术路线:一是主要采用热压法,将催化剂浆料涂覆在气体扩散层上,构成阳极和阴极催化层,形成"GDE"结构膜电极,总体性能不高;二是把催化层制备到膜上(CCM),一定程度上提高了催化剂的利用率与耐久性,但催化层结构具有不稳定性;三是有序化的膜电极,把催化剂如 Pt 制备到有序化的纳米结构上,使电极呈有序化结构,获得坚固、完整的催化层,进一步提高燃料电池性能,降低催化剂铂载量。

(4) 催化剂。

催化剂是燃料电池的关键材料之一,目前燃料电池中常用的催化剂是 Pt/C,即由铂的纳米颗粒分散到碳粉载体上的担载型催化剂。研究目标就是使燃料电池催化剂的铂载量低于传统燃油车,国外催化剂铂载量达到 0.1～0.2 g/kW,国内铂载量 0.3～0.4 g/kW,离传统燃油车 0.05 g/kW 还有较大下降空间。

2. 辅助子系统

燃料电池辅助子系统主要由供氢子系统、供氧子系统、水管理系统、热管理系统、直流-交流逆变系统、控制系统、安全系统等组成。

(1) 供氢子系统。

将外部供给的燃料转化为以氢为主要成分的燃料。如果直接以氢气为燃料,供应系统可能比较简单。若使用天然气等气体碳氢化合物或者石油、甲醇等液体燃料,需要通过水蒸气重整等方法对燃料进行重整。而用煤炭作为燃料时,则要先转换为以氢和一氧化碳为主要成分的气体燃料。用于实现这些转换的反应装置分别称为重整器、煤气化炉等。

(2) 供氧子系统。

提供反应所需的氧,可以是纯氧,也可以用空气。氧气供给系统可以用电动机驱动的送风机或者空气压缩机,也可以用回收排出余气的透平机或压缩机的加压装置。

(3) 水管理系统。

将阴极生成的水及时带走,以免造成燃料电池失效。对于质子交换膜燃料电池,质子是以水合离子状态进行传导的,需要有水参与,而且水少了还会影响电解质膜的质子传导特性,进而影响电池的性能。

（4）热管理系统。

将电池产生的热量带走,避免因温度过高而烧坏电解质膜。燃料电池是有工作温度限制的。外电路接通形成电流时,燃料电池会因内电阻上的功率损耗而发热(发热量与输出的发电量大体相当)。热管理系统中还包括泵(或风机)、流量计、阀门等部件。常用的传热介质是水和空气。

（5）直流-交流逆变系统。'

将燃料电池本体产生的直流电转换为用电设备或电网要求的交流电。

（6）控制系统。

主要由计算机及各种测量和控制执行机构组成,作用是控制燃料电池发电装置启动和停止、接通或断开负载,往往还具有实时监测和调节工况、远距离传输数据等功能。

（7）安全系统。

主要由氢气探测器、数据处理器以及灭火设备构成,实现防火、防爆等安全措施。

（四）燃料电池应用

目前,世界化学品生产商塞拉尼斯公司、杜邦公司、巴斯夫公司、Mathanex 公司,燃料电池开发商 Ballard 动力系统公司、国际燃料电池公司以及汽车生产商戴姆勒公司、福特汽车公司、现代汽车公司、大众汽车公司等都纷纷联手开发燃料电池和燃料电池汽车。按燃料电池所用原始燃料的类型,大致分为氢燃料电池、甲烷燃料电池、甲醇燃料电池和汽油燃料电池。表 2-4 列出了世界各国电动汽车用燃料电池的研究、开发情况。

表 2-4　世界各国电动汽车用燃料电池的研究、开发情况

国家	研究机构	电池类型	燃料类型	电池容量/kW	应用情况
美国	GM Allisson Gas Engine Corp Booz, Allen and Hamilton Inc Los Alamos and United Technology Corp	PEMFC PAFC PEMFC	H_2 甲醇、天然气 甲醇	25 50～100 25～100	电动汽车动力电源 公共汽车辅助动力电源 电动汽车动力电源
加拿大	Ballard Power Systems (BPS)	PEMFC	H_2、甲醇	60～100	公共汽车动力电源
德国	Siemens Daimler Benz Telefunken AEC	AFC PAFC PEMFC	H_2、乙二醇 H_2、甲醇 煤气	17.5～100	电动轿车动力电源 潜艇动力电源

续　表

国家	研究机构	电池类型	燃料类型	电池容量/kW	应用情况
英国	Johnson Matthey Loughborough of Technology Cambridge Univ	PAFC PEMFC AFC	煤气 H_2 H_2、甲醇	6	电动轿车、叉车辅助电源
意大利	Volat Project	PEMFC	H_2、甲醇	10	电动汽车动力电源
日本	丰田汽车公司 富士电机公司 三洋电气公司	PEMFC PAFC PAFC	H_2 H_2、甲醇 H_2、甲醇	10～20 50～100	电动轿车动力电源 电动轿车动力电源 电动轿车样车动力电源
中国	中科院大连化物所燃料电池工程中心	PEMFC AFC MCFC	H_2 H_2 H_2	0.1～5	新型电源 新型电源 新型电源

1. 氢燃料电池

氢燃料电池汽车是利用燃料电池发出的电力驱动电动机，带动汽车行驶，所以是一种电动汽车。一次加氢后，燃料电池汽车能跑的里程取决于车上所携带的氢气的数量，而燃料电池汽车的动力特性，如能跑多快、能爬多陡的坡，则主要取决于燃料电池动力系统的功率及匹配。根据燃料电池的发电原理，氢气是最理想的燃料。一是氢气可以直接参与电化学反应；二是氢气燃料电池的产物中只有洁净的水蒸气，对环境不会造成任何污染。

美国通用汽车公司宣布已经成功地解决了将其研制的氢燃料电池汽车 Sequel 投放市场的所有问题，这标志着这款概念车将走向市场化生产。通用公司于 2005 年初推出 Sequel 概念车，它的外形类似一辆缩小版的厢式休闲旅行车。空气产品公司、普拉克斯公司作为领先的液氢供应商，其供氢站已经能够给氢燃料电池汽车供应 24～34 MPa 的液氢。通用公司前首席执行官瓦戈纳形容这款车具有"火箭般的技术"，是通用公司历史上技术最成熟的产品。但他也表示，这款车的批量生产和上市还要等一段时间。

壳牌氢气公司与通用公司合作，于 2005 年初在北美华盛顿现有的一零售汽油加油站投用了第一个充氢站，采用了空气产品和化学品公司 200 系列液氢充装技术，6 台通用公司 Hydrogen3 燃料电池汽车已首次在此加氢。

美国康涅狄格州伯灵顿(Burlington)市公众部生产出一辆丰田普锐斯。但是这不是一辆普通的油电混合动力普锐斯，而是由美国能源部门赞助，经过改装、采用氢动力燃料电池的 100 辆普锐斯中的一辆。这辆氢动力普锐斯，是美国在全国范围内展示氢动力优于汽油汽车的宣传计划的一部分。由于美国东北部的六个州气候较寒冷，氢动力普锐斯正适合在此条件下使用。

由于燃料电池自携带纯氢,成本高、安全性差、汽车一次补充燃料行驶里程短,而且纯氢储存、运输比较困难,许多公司正在发展与燃料电池配套的储氢技术。能源转换设备公司开发了基于氧化镁固体的储氢系统,该系统可在约 300℃ 下释放出氢气,这种材料的氢密度为 103 g/L,而液氢密度为 71 g/L,利用这种储氢罐可使燃料电池汽车行驶 482 km。

丰田汽车公司开发的"FCHV3"燃料电池汽车采用氢吸附合金供氢方式,配备镍氢电池发动机驱动系统。该车最高时速可达 150 km/h,续驶能力在 300 km 以上,燃料电池输出功率高达 90 kW。壳牌氢气公司与美国能源转换设备公司成立储氢系统合资企业,开发固体氢化物储氢技术并实现商业化,车载储氢罐提供氢燃料的燃料电池汽车已推向市场。

最早从事车载燃料电池开发的是加拿大 BALLARD 公司与德国 DAIMLER 公司,他们合作研制质子交换膜燃料电池(PEMFC)作为车载动力的 F-CELL 燃料电池汽车,到目前为止,BALLARD 的燃料电池已经在全球配备了 130 辆以上的各种车辆,遍布全球 24 个城市,运载乘客超过 4500 万,行驶里程超过 26×10^5 km。BALLARD 公司研制的车用质子交换膜燃料电池 Mark902 和在华盛顿特区行驶的燃料电池公交车,电池功率达到 85 kW,采用液体冷却,在世界车载燃料电池市场中处于领先水平。

上海同济大学、壳牌氢气公司和壳牌(中国)有限公司三方已签署协议,共同建造上海首座固定加氢站,为使用燃料电池的汽车提供加氢服务。同济大学与壳牌氢气公司将在上海国际汽车城建造这座新的加氢站,由双方共同进行设计、建造、维护和运营。加氢站内还设有一个有关氢能经济的信息中心。这座加氢站已于 2006 年底建成,是科技部发展电动汽车的国家级项目的一部分。

面对全球石油资源日益紧张的形势,建立首座固定加氢站对于上海实现氢能利用的长远目标是重要的一步。壳牌氢气公司正在世界范围内创建多个"灯塔项目"的战略,"灯塔项目"以 4 个或更多的加氢站为一组,由壳牌氢气公司和其他能源公司以半商业化方式运营,通过政府与企业合作,为 100 多辆燃料电池汽车提供加氢服务。

2. 甲烷燃料电池

美国科学家设计出以甲烷等碳氢化合物为燃料的新型电池,其成本大大低于以氢为燃料的传统燃料电池。燃料电池使用气体燃料和氧气直接反应产生电能,其效率高、污染低,是一种很有前途的能源利用方式。但传统燃料电池使用氢为燃料,而氢既不易制取又难以储存,导致燃料电池成本居高不下。科研人员曾尝试用便宜的烃类化合物为燃料,但化学反应产生的残渣很容易积聚在镍制的电池正极上导致断路。美国科学家使用铜和陶瓷的混合物制造电池正极,解决了残渣积聚问题。这种新电池能使用甲烷、乙烷、甲苯、丁烯、丁烷 5 种物质作为燃料。目前,这种电池的能量转换效率还较低。

3. 甲醇燃料电池

戴姆勒-克莱斯勒公司、巴斯夫公司、BP 公司、Methanex 公司、Statoil 公司和 Xcellsis 公司联合将甲醇燃料电池汽车推向商业化,开发了以甲醇为燃料的燃料电池汽车——NECAR5。

甲醇是一种理想的液体储氢介质,在常温下为液体,可像汽油或柴油燃料一样运输、储存和处理。甲醇转化制氢所用的催化剂为巴斯夫公司提供的氧化铜催化剂和其他金属氧化物催化剂。在甲醇和水混合进入转化器后,高活性的催化剂可使甲醇转化产生大量氢气,工作温度为 $200 \sim 350℃$。NECAR5 的推出,标志着甲醇燃料电池技术向商业化迈出了重要一步。

第一座支撑甲醇动力燃料电池汽车的甲醇加注站已经在加利福尼亚州萨克拉门托市对外营业。该站由加利福尼亚州燃料电池联合体(CaFCP)运作。该站设计采用了包括瑞典 Identic 公司开发的加注新技术,系统包括防虹吸设施和汽车与燃料喷嘴之间的固定闭锁器。甲醇储存在 2000USgal 的双壁罐内。现在,西萨克拉门托地区已运营 8 家汽车生产商生产的 16 辆甲醇燃料电池动力汽车。加注站由甲醇燃料电池联盟设计和建设。甲醇燃料电池联盟是包括 CaFCP 成员,即 Methanex、戴姆勒—克莱斯勒、BP 和 Ballard 动力系统公司,与 StatoiL 公司和巴斯夫公司组成的工业集团。

丰田的 RAV4 汽车使用了 $25\,kW$ 燃料电池堆与镍氢电池的混合装置。汽车的最高时速为 $128.7\,km/h$,50L 甲醇燃料箱的行程为 $500\,km$;大众汽车公司也示范了一种以"高尔夫"车型为基础的甲醇作为燃料的混合型汽车。该汽车采用 $20\,kW$ 的巴拉德燃料电池堆和约翰逊·马秦的"热点"甲醇重整装置;雷诺、标致、雪铁龙汽车公司还示范了以一家意大利公司生产的 PEMFC 堆为动力的汽车。它们分别以车载储存的液态和气态氢为燃料。

德国 IBZ 公司开发了 DMFC 中型客车,车载 DMFC 具有优于锂离子电池的多种优势。它将充电后的使用时间提高了 $1 \sim 9$ 倍。当需要充电时 DMFC 燃料补充液可以方便地添加到电池中,在不中断供电的情况下更换旧甲醇液体。

目前世界甲醇市场供过于求,但甲醇仍有望成为未来环境友好的燃料电池燃料。从长期看,燃料电池工业将为甲醇工业提供巨大的发展潜力。

4. 汽油燃料电池

汽油燃料电池的开发技术从清洁碳氢化合物燃料的汽油中制取氢气,采用这种制氢方式的燃料电池的优点是采用含硫少的清洁燃料,可延长燃料电池自身寿命,并且容易维修。由于使用汽油,现有的汽油加油站也能得到充分利用。同时其能量利用效率较高,内燃机效率为 15%,汽油燃料电池可高达 $22\% \sim 32\%$;排放 CO_2 也较少,内燃机排放 CO_2 为 $220\,g/km$,而汽油燃料电池为 $110 \sim 140\,g/km$。

在用汽油的燃料电池系统中,燃料处理器把汽油转化成氢。通常是通过一系列的反应器,让汽油与空气和水反应。反应器中加有促进反应的催化剂,氢然后与空气中的氧混合,在燃料电池体中产生电。汽油中的硫会使燃料电池系统中毒,所以在车辆上除去汽油中的硫成了需要解决的重大问题。另一问题是随着成品汽油和柴油标准中硫含量的降低,而可用原油平均硫含量却在增高,燃料电池要求使用更严格的清洁燃料,液体烃燃料硫含量应小于 $1\mu g/L$,才能避免毒害燃料加氢催化剂和燃料电池电极催化剂。

通用汽车公司已开发出世界上第一种利用汽油的燃料电池,该技术可以充分利用原有的加油站等基础设施,这将使燃料电池汽车商业化时间大大提前。这种技术利用一种将燃料转换成能量的装置,能量利用效率可以达到 40%,比传统的内燃机要提高 50%。该技术的另外一个特点是,燃料电池装置是通过燃料处理装置获得氢和氧产生的化学能量,而不是通过燃料在内燃机中燃烧来获得电力和热量,这样所产生的尾气也就大大减少。

本任务从铅酸电池、镍氢电池和锂离子电池之外的其他动力电池中选取具有典型特点的锌空气电池、超级电容器、飞轮电池、燃料电池等进行了介绍。

锌空气电池主要由空气电极、电解液和锌阳极构成,具有容量大、能量密度高、价格低廉、储存寿命好、锌可回收和反复利用、绿色环保等优点,但因其空气电极在工作时暴露于空气中,推广应用时仍存在很多问题,目前仍主要在试验车上装车测试。

超高速飞轮又称飞轮储能器或飞轮电池,它利用超高速旋转的飞轮储存能量,并通过电能量转换装置实现机械能和电能的相互转换。飞轮电池主要由以下几部分组成:复合材料飞轮、集成的发电机/电动机、磁悬浮轴承、电力电子及其控制系统、真空胎、辅助轴承和事故屏蔽容器。飞轮电池技术主要涉及复合材料、电力电子技术、磁悬浮技术、超真空技术、微电子控制系统等学科,具有明显的多学科交叉和集成特点。具有能量密度高、能量转换效率高、工作温度范围宽、使用寿命长、低损耗、低维护等优点,典型的应用是作为混合动力车的能量回收装置,对制动能量进行机械回收和在起动停车工况下快速起动车辆。目前,飞轮电池作为车辆主要动力来源的应用还不多。

超级电容器是由两个彼此绝缘的平板型金属电容板组成,在两块电容板之间用绝缘材料隔开。组成部分包括高比表面积的多孔电极材料、多孔性电池隔膜及电解液等。超级电容器具有功率密度高、充放电速度快、循环寿命长、使用温度范围宽、无污染等优点,在等间距定点停车的公交车、场地车领域有很好的发展前景,在其他类型车辆上可作为辅助电源满足车辆急加速、爬陡坡时的功率需求和制动减速时快速回收能量等。

　　燃料电池是一种通过电化学反应的方式将燃料和氧化剂的化学能直接转化为电能的装置。在基本组成方面,它与普通电池相似,由电极、双极板、电解质、隔膜等组成。其中质子交换膜燃料电池,由于兼具无污染、高效率、适用广、低噪声、可快速补充能量等特点,被公认为替代传统内燃机的最理想动力装置,是真正零排放的车用能源。

　　动力电池的类型很多,未来电动汽车的能量来源将广泛采用多能源互补的方式为车辆提供能量。

 **任务练习**

**　、判断题**

1. 锌空气电池以锌为正极活性物质,以空气为负极活性物质,以碱性电解质水溶液作为电解液。　　　　　　　　　　　　　　　　　　　　　　　　　　　　　　　　　(　　)

2. 超高速飞轮储存动能的核心部件是飞轮,通过飞轮高速转动储存动能,并通过电能量转换装置实现机械能和电能的相互转换。　　　　　　　　　　　　　　　　　　(　　)

3. 超级电容器又叫作双电层电容器,是一种通过极化电解质来储能的电化学元件,在储能的过程中会发生化学反应,且储能过程是不可逆的。　　　　　　　　　　　　(　　)

4. 燃料电池是一种通过电化学反应的方式将燃料和氧化剂的化学能直接转化为电能的装置,因其活性物质(氧化剂和还原剂)储存在电池外的储罐中,所以电极本身在放电过程中不发生变化。这一特性和普通电池相似。　　　　　　　　　　　　　　　　(　　)

二、选择题

1. 锌空气电池根据其充电的方式,以及在电动车辆及其他领域上应用的特点可分为(　　)以及注入式锌空气电池。【多选题】

　　A. 机械充电式锌空气电池　　　　　　　B. 卷绕式锌空气电池

　　C. 直接再充式锌空气电池　　　　　　　D. 注入式锌空气电池

2. 超级电容器可以分为(　　　)。【多选题】

　　A. 双电层型超级电容器　　　　　　　　B. 赝电型超级电容器

　　C. 水性电解质超级电容器　　　　　　　D. 有机电解质超级电容器

3. 以下属于同一类型燃料电池的是(　　　)。【多选题】

　　A. 甲烷燃料电池　　　　　　　　　　　B. 固体氧化物燃料电池

　　C. 磷酸燃料电池　　　　　　　　　　　D. 质子交换膜燃料电池

三、 简答题

1. 简述车用锌空气电池的优缺点。
2. 简述超高速飞轮电池的储能原理。
3. 简述超级电容器的特性。
4. 简述质子交换膜燃料电池的结构及原理。

项目三 动力电池能量管理

项目概述

　　国内外大力发展纯电动汽车(EV)、混合动力汽车(HEV)的过程中,锂电池带来了电动汽车革命性的发展。电池管理系统(BMS)作为动力和储能电池必需的配套部件,具有一定的核心位置。锂电池单体容量过大,容易产生高温,诱发不安全因素,因此大容量电池必须通过串并联的方式形成电池组。而单体电池本身的不一致性和使用环境的细微差别均造成电池寿命的差别,大大影响整个电池组的寿命和性能。电池管理系统(BMS)是一套保证动力电池使用安全的控制系统,它时刻监控电池的使用状态,通过必备措施缓解电池组的不一致性。

　　本项目主要介绍动力电池能量管理系统的动力电池电量管理、均衡管理、热管理、安全管理及数据通信等主要功能的组成及原理。

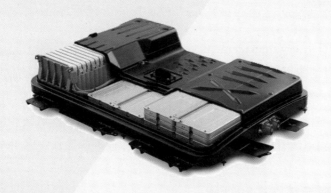

任务 1　动力电池管理系统基本原理认知

任务目标

1. 了解电池管理系统结构和功能。
2. 掌握典型电池管理系统的组成。
3. 掌握电池管理系统原理。
4. 掌握数据采集方法。

任务导入

某职业院校的一堂课中,老师做了一个"神奇的小灯"的实验,实验装置为 4 个串联的蓄电池,每个电池上对应安装了相同数量的小灯,还有一个开关按钮,老师按下按钮可以控制灯在不同时间点亮,老师希望你用所学知识解释其原理。请完成本任务的学习,写出"神奇小灯"的工作原理。

知识储备

电池管理系统(battery management system,BMS)是用来对蓄电池组进行安全监控及有效管理,提高蓄电池使用效率的装置。对于电动车辆而言,通过该系统对电池组充放电的有效控制,可以达到增加续驶里程、延长使用寿命、降低运行成本的目的,并保证动力电池组应用的安全性和可靠性。动力电池管理系统已经成为电动汽车不可缺少的核心部件之一。本章将重点介绍动力电池管理系统的构成、功能和工作原理。

一、电池管理系统结构和功能

BMS通过检测电池组中各单体电池的状态来确定整个电池系统的状态,并根据它们的状态对动力蓄电池系统进行对应的控制调整和策略实施,实现对动力蓄电池系统及各单体电池的充放电管理,以保证动力蓄电池系统安全稳定的运行。

(一) 电池管理系统基本构成和功能

在功能上,电池能量管理系统主要包括:数据采集、电池状态计算、能量管理、安全管理、热管理、均衡控制、通信功能和人机接口,如图 3-1 所示。

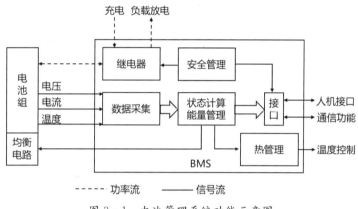

图 3-1　电池管理系统功能示意图

1. 数据采集

电池管理系统的所有算法都是以采集的动力电池数据作为输入,采样速率、精度和前置滤波特性是影响电池系统性能的重要指标。电动汽车电池管理系统的采样速率一般要求大于 200 Hz(50 ms)。

2. 电池状态计算

电池状态计算包括电池组荷电状态(state of charge,SOC)和电池组健康状态(state of health,SOH)两方面。SOC 用来提示动力电池组剩余电量,是计算和估计电动汽车续驶里程的基础。SOH 是用来提示电池技术状态,预计可用寿命等健康状态的参数。

3. 能量管理

能量管理主要包括以电流、电压、温度、SOC 和 SOH 为输入进行充电过程控制,以 SOC、SOH 和温度等参数为条件进行放电功率控制两个部分。

4. 安全管理

监视电池电压、电流、温度是否超过正常范围,防止电池组过充电、过放电。现在,在对电池组进行整组监控的同时,多数电池管理系统已经发展到对极端单体电池进行过充电、过放电、过热等安全状态管理。

5. 热管理

在电池工作温度超高时进行冷却,低于适宜工作温度下限时进行电池加热,使电池处于适宜的工作温度范围内，并在电池工作过程中总保持电池单体间温度均衡。对于大功率放电和高温条件下使用的电池，电池的热管理尤为必要。

6. 均衡控制

由于电池的一致性差异导致电池组的工作状态是由最差电池单体决定的。在电池组各个电池之间设置均衡电路，实施均衡控制是为了使各单体电池充放电的工作情况尽量一致，提高整体电池组的工作性能。

7. 通信功能

通过电池管理系统实现电池参数和信息与车载设备或非车载设备的通信，为充放电控制、整车控制提供数据依据是电池管理系统的重要功能之一，根据应用需要，数据交换可采用不同的通信接口，如模拟信号、PWM 信号、CAN 总线或 C 串行接口。人机接口根据设计的需要设置显示信息以及控制按键、旋钮等。

电池管理系统的主要工作原理可简单归纳为：数据采集电路采集电池状态信息数据后，由电子控制单元(ECU)进行数据处理和分析，然后电池管理系统根据分析结果对系统内的相关功能模块发出控制指令，并向外界传递参数信息。

（二）典型电池管理系统的组成

电池管理系统按性质可分为硬件和软件，其中，BMS 的硬件主要包括：主板、从板及高压盒，还包括采集电压线、电流、温度等数据的电子器件；BMS 的软件包括监测电池的电压、电流、SOC 值、绝缘电阻值、温度值，通过与 VCU、车载充电机的通信，来控制动力蓄电池系统的充放电。但不同车型组成也不完全相同，本任务以北汽 EV160 为例进行电池管理系统组成的介绍。

北汽 EV160 电池管理系统按功能分为数据采集单元和控制单元；数据采集单元主要包括低压控制盒(也称分控盒)，控制单元主要包括主控盒和高压盒。除此之外，还包含辅助元器件。各单元间通过 CAN 总线进行通信。北汽 EV160 电池管理系统的硬件结构如图 3-2 和图 3-3 所示。

辅助元器件主要包括动力蓄电池系统内部的电子电器元件，如熔断器、继电器、分流器、插接件、紧急开关、烟雾传感器等，维修开关以及电子电器元件以外的辅助元器件，如密封条、绝缘材料。

1. 分控盒和主控盒

北汽 EV160 的动力蓄电池由 10 个电池模组组成，分成两组，每组 5 个电池模组共用一个分控盒，将各自的电压、温度等信号传递给主控盒。

分控盒(也称为低压控制盒，BMU)有 3 个接口，最左侧的线束接口连接主控盒，中间的

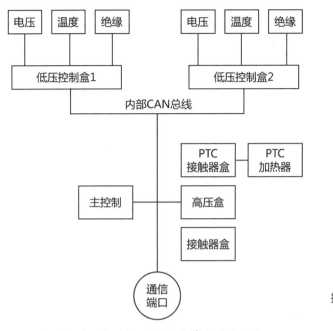

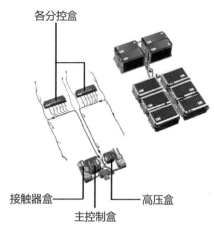

图 3-2　北汽 EV160 电池管理系统硬件　　　图 3-3　北汽 EV160 电池管理系统主
　　　　　　　　　　　　　　　　　　　　　　　　要部件实际位置

线束接口进行绝缘监测,最右侧的接口连接各个传感器,用来进行电池电量估算、温度控制等。分控盒监控动力蓄电池的单体电池电压、电池组的温度,主要功能:监控每个单体电压、监控每个电池组的温度、检测高压系统绝缘性能、电量(SOC)值监测、将以上项目监控到的数据反馈给主控盒。

两个分控盒通过总线连接到主控盒,将各个电池的基本信息传递给主控盒。主控盒的位置如图 3-3 所示。

主控盒接收分控盒传来的信息,同时,主控盒也是一个连接外部通信和内部通信的平台,主要功能如下:接收电池管理系统反馈的实时温度和单体电压(并计算最大值和最小值)、接收高压盒反馈的总电压和电流情况、与整车控制器的通信、与充电机或快充柱通信、控制正/负主继电器、控制电池加热、唤醒应答、控制充/放电电流等。

2. 高压盒

高压盒的线路连接到接触器盒,高压盒内部有继电器,用来控制接触器的电流通断,同时高压控制盒还将动力蓄电池总电流监测信号转换成低压信号发送到总线上。高压盒在电池中和主控盒安装在一起。

3. 接触器盒

在电动汽车中,采用接触器控制动力蓄电池的电流通断,在电池管理系统中,主接触器位于电池前端、主控盒的右侧。接触器和继电器的工作原理是一样的,用来实现电路的通断。继电器的主要作用是信号检测、传递、变换或处理,通断的电路电流较小,一般用在控制电路中。接触器主要用在接通或断开主电路。打开接触器盒盖,可以看到接触器、熔断器等。

4. 辅助元件

主要包括动力蓄电池系统内部的电子电器元件(如熔断器、接触器、电流传感器、插接件、维修开关、烟雾传感器等)、维修开关以及电子电器元件以外的辅助元器件(如密封条、绝缘材料等)。对于电动汽车动力蓄电池管理系统,需要进行电压监测、温度监测等,因此需要有相应的传感器检测相应的信号。在实物中红色的线为各个电池模块的电压监测信号线,黑色为温度监测信号线。另外,出于安全考虑,在串联 10 个电池模组时,将其分成两组,其中 7 组串联在一起,剩余 3 组串联在一起,两组用一个 250 A 的熔断器进行串联。该熔断器承受的最大电流为250 A,当动力蓄电池出现故障或其他原因导致输入或输出电流变大后,该熔断器会烧断,从而断开电池模组的串联,使电路变成断路,从而保护车辆。

二、电池管理系统原理

最早的电池管理系统仅仅进行电池一次测量参数(电压、电流、温度等)的采集,之后发展到二次参数(SOC、内阻)的测量和预测,并根据极端参数进行电池状态预警。现阶段电池管理系统除完成数据测量和预警功能外,还通过数据总线直接参与车辆状态的控制,如图 3-4 所示。

电池管理系统
工作原理

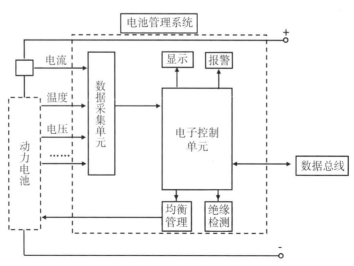

图 3-4　电池管理系统工作原理

电池管理系统的主要工作原理可简单归纳为：数据采集电路采集电池状态信息数据后，由电子控制单元(ECU)进行数据处理和分析，然后电池管理系统根据分析结果对系统内的相关功能模块发出控制指令，并向外界传递参数信息。

三、动力电池数据采集方法

动力电池管理系统主要的功能就是数据采集，通过数据采集能够实施电池的外部特性参数(如电压、电流、温度等)的检测，使用适当的算法实现电池内部状态(如容量和荷电状态等)的估算和检测，是电池管理系统有效运行的基础和关键。

（一）单体电池电压检测方法

单体电池电压采集是动力电池组管理系统中的重要一环，其性能好坏或精度高低决定了系统对电池状态信息判断的准确程度，并进一步影响了后续的控制策略能否有效实施。常用的单体电池电压检测方法有以下五种。

1. 继电器阵列法

图3-5为基于继电器阵列法的电池电压采集电路原理框图，其由端电压传感器、继电器阵列、A/D转换芯片、光耦、多路模拟开关等组成。如果需要测量 n 块串联成组电池的端电压，就需要将 $n+1$ 根导线引入电池组中各节点。当测量第 m 块电池的端电压时，单片机发出相应的控制信号，通过多路模拟开关、光耦和继电器驱动电路选通相应的继电器，将第 m 和 $m+1$ 根导线引入到 A/D 转换芯片。通常开关器件的电阻都比较小，配合分压电路之后由于开关器件的电阻所引起的误差几乎可以忽略不算，而且整个电路结构简单，只有分压电阻和 A/D 转换芯片还有电压基准的精度能够影响最终结果的精度，通常电阻和芯片的误差都可以做得很小。所以，在所需要测量的单体电池电压较高而且对精度要求也高的场合最适合使用继电器阵列法。

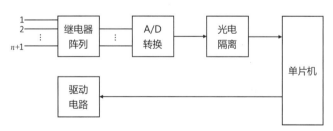

图3-5　基于继电器阵列法的电池电压采集电路原理框图

2. 恒流源法

恒流源电路进行电池电压采集的基本原理是，在不使用转换电阻的前提下，将电池端电压转化为与之呈线性变化关系的电流信号,以此提高系统的抗干扰能力。

在串联电池组中,由于电池端电压也就是电池组相邻两节点间的电压差,故要求恒流源电路具有很好的共模抑制能力,一般在设计过程中多选用集成运算放大器来达到此种目的。

出于设计思路和应用场合的不同,恒流源电路会有多种形式,较常见的是由运算放大器和绝缘栅型场效应晶体管组合构成的减法运算恒流源电路,如图 3-6 所示。

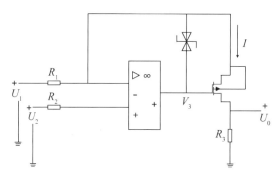

图 3-6　运算放大器和场效应管组合构成的减法运算恒源电路

由运算放大器的结构可知,该电路是具有高开环放大倍数并带有深度负反馈的多级直接耦合放大电路,其输入级采用差动放大电路,并集成在同一硅片上,故两者的性能匹配非常好,且中间级具有很高的放大能力。由差动电路原理可知,这种电路具有很强的共模信号抑制能力,所以在用运算放大器对电池组的单体电池电压进行测量时,由于高的共模抑制性和放大能力,测量精度将会得到提高。绝缘栅型场效应晶体管是利用输入回路的电场效应来控制输出回路电流的一种半导体器件,当其工作在可变电阻区时,输出量漏极电流 I 与输入量漏源电压 U_{ds} 呈线性关系,且管子的栅、源间阻抗很高,造成的漏电流很小,而漏、源间导通电阻很小,造成的导通压降很低。

图 3-6 中采用了 P 沟道增强型场效应晶体管,并为了维持其具有恒定的栅、源电压 U_{GS} 而接入一个稳压二极管,且运算放大器工作在线性区,如果选低导通阻值的场效应晶体管,则导通压降可忽略不计,则有:

$$U_2 = U_1 \frac{U_1}{R_1 + R_3} R_1 \tag{3-1}$$

$$I = \frac{U_1}{R_1 + R_3} = \frac{U_0}{R_3} \tag{3-2}$$

$$U_0 = (U_1 - U_2) \frac{R_3}{R_1} \tag{3-3}$$

以上各式中 U_1 和 U_2 的差即为电池端电压,U_0 为恒流源电路输出电压。不难看出,运算放大器输出端连接场效应晶体管实现了电路的负反馈作用,使电路保持在平衡状态。$V_0 \uparrow \rightarrow \mid U_{GS} \mid \downarrow \rightarrow I \downarrow \rightarrow V_{R1} \downarrow \rightarrow V_i \uparrow \rightarrow V_0 \downarrow$,其中,$V_0$ 是运算放大器的输出电压;V_{R1} 是电阻 $R1$ 上的电压降;V_i 是运算放大器的输入差模电压,即 $V_i = U_- - U_+$,当电路处于平衡态时,$V_i = 0$。恒流源电路结构较简单,共模抑制能力强,采集精度高,具有很好的实用性。

3. 隔离运放采集法

隔离运算放大器是一种能够对模拟信号进行电气隔离的电子元件,广泛用作工业过程控制中的隔离器和各种电源设备中的隔离介质。一般由输入和输出两部分组成,二者单独供电,并以隔离层划分,信号经输入部分调制处理后经过隔离层,再由输出部分解调复现。隔离运算放大器非常适合应用于单体电池电压采集电路中,它能将输入的电池端电压信号与电路隔离,从而避免了外界干扰而使系统采集精度提高,可靠性增强。

如图 3-7 所示,是隔离运算放大器在 600 V 动力电池组管理系统中的应用,其中共有 50 块额定电压为 12 V 的水平铅酸电池,其端电压被隔离运放电路逐一采集。ISO122 是美国 BB 公司采用滞回调制-解调技术设计的隔离放大器,采用精密电容耦合技术和常规的双列式 DIP 封装技术。ISO122 的输入和输出部分分别位于壳体两边,中间用两个匹配的 1pF 电容形成隔离层,其额定隔离电压大于 1 500 V(交流 60 Hz 连续),隔离阻抗大,并且具有高的增益精度和线性度,从而满足了实际应用要求。从图 3-7 中不难发现,ISO122 的输入部分电源就取自动力电池组,输出部分电源则出自电路板上的供电模块,电池端电压经两个高精密电阻分压后输入运放,与之呈线性关系的输出信号经多路复用器后交单片机控制电路处理。

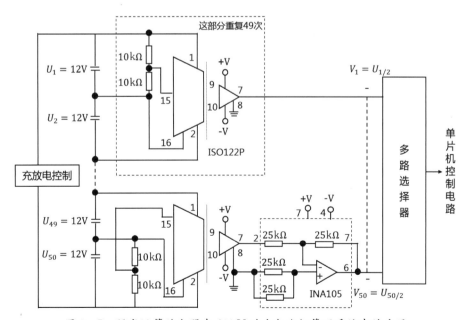

图 3-7　隔离运算放大器在 600 V 动力电池组管理系统中的应用

需要说明，在第50块电池的端电压采集电路中，一个反向器被加在隔离运放电路后，用于将输出信号由负变为正。还应指出，隔离运放采集电路虽然性能优越，但是较高的成本影响了其广泛应用。

4. 压/频转换电路采集法

当利用压/频(V/f)转换电路实现单体电池电压采集功能时，压/频转换器的应用是关键，它是把电压信号转换为频率信号的元件，具有良好的精度、线性度和积分输入等特点。

如图3-8所示，是压/频转换器LM331用作高精度压/频转换的电路原理图，LM331是美国FS公司生产的高性价比集成(V/f)芯片，它采用了新的温度补偿能隙基准电路，在整个工作温度范围内和电源电压低到4.0 V时都有极高的精度。

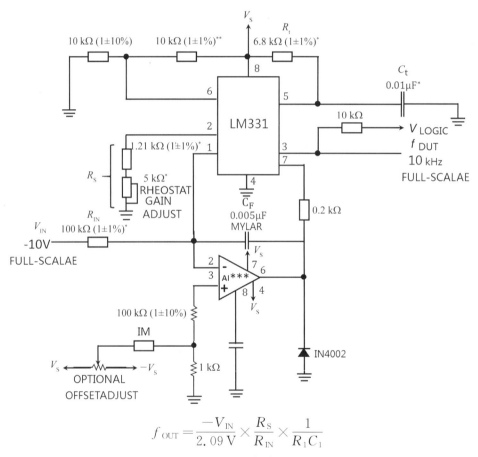

$$f_{OUT} = \frac{-V_{IN}}{2.09\ V} \times \frac{R_S}{R_{IN}} \times \frac{1}{R_1 C_1}$$

图3-8 压/频转换器LM331用作高精度压/频转换的电路原理图

该采集方法中，电压信号直接被转换为频率信号，随即就可以进入单片机的计数器端口进行处理，而不需A/D转换。此外，为了配合压/频转换电路在单体电池电压采集系统中的应用，相应选择的电路和运算放大电路也需加以设计，以实现多路采集的功能。这种方法所涉及的元件比较少,但是压控振荡器中含有电容器,而电容器的相对误差一般都比较大,而且电容越大相对误差也越大。

5. 线性光耦合放大电路采集法

基于线性光耦合器件的单体电池电压采集电路实现了信号采集端和处理端之间的隔离,从而提高了电路的稳定性与抗干扰能力。

线性光耦 TL300 由一个利用红外 LED 照射而分叉配置的隔离反馈光二极管和一个输出光二极管组成,并采用特殊工艺技术来补偿 LED 时间和温度特性的非线性,使一个输出信号与 LED 发出的伺服光通量呈线性比例。TIL300 具有 3 500 V 的峰值隔离度,带宽大于200 kHz,适合直流与交流信号的隔离放大,并且输出增益稳定度为 0.05%/℃。从图 3-9 中不难看出,单体电池电压值(即 U_1 与 U_2 之差)经运算放大器 A_1 后被转化为电流信号 I_{p1} 并流过线性光耦 TIL300,经光电离后输出与 I_{p1} 呈线性关系的电流量 I_{p2},再由运算放大器 A_2 转化为电压值得以进行 A/D 转换并完成采集。值得注意的是,线性光耦两端需要使用不同的独立电源,在图中分别标示为 $1V_{cc+}$ 和 $2V_{cc+}$。可见,线性光耦合大电路不仅具有很强的隔离能力和抗干扰能力,还使模拟信号在传输过程中保持了较好的线性度,因此可以与继电器阵列或选通电路配合应用于多路采集系统中,但其电路相对较复杂,影响精度的因素较多。

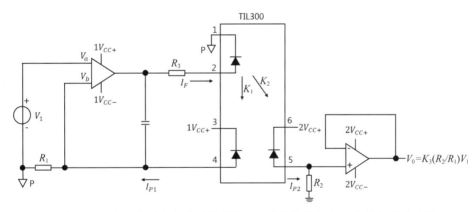

图 3-9　基于线性光耦合元件 TIL300 的单体电池电压采集电路原理图

(二)电池温度采集方法

电池的工作温度不仅影响电池的性能,而且直接关系到电动汽车使用的安全问题,因此,准确采集温度参数显得尤为重要,采集温度并不难,关键是如何选择合适的温度传感器。目前,使用的温度传感器很多,比如,热电偶、热敏电阻、热敏晶体管、集成温度传感器等。

1. 热敏电阻采集法

热敏电阻采集法的原理是利用热敏电阻阻值随温度的变化而变化的特性,用一个定值电阻和热敏电阻串联起来构成一个分压电路而把温度的高低转化为电压信号,再通过模/数转换得到温度的数字信息。热敏电阻成本低,但线性度不好,而且,制造误差一般比较大。

2. 热电偶采集法

热电偶的作用原理是双金属体在不同温度下会产生不同的热电动势,通过采集这个电动势的值就可以通过查表得到温度的值。由于热电动势的值仅和材料有关,所以热电偶的准确度很高。但是由于热电动势都是毫伏等级的信号,所以需要放大,外部电路比较复杂。一般来说金属的熔点都比较高,所以热电偶一般都用于高温的测量。

3. 集成温度传感器采集法

由于温度的测量在日常生产、生活中用得越来越多,半导体生产商们都推出了很多集成温度传感器。这些温度传感器虽然很多都是基于热敏电阻式的,但都在生产的过程中进行校正,所以精度可以媲美热电偶,而且直接输出数字量,很适合在数字系统中使用。

(三)电池工作电流采集方法

常用的电流检测方式有分流器、互感器、霍尔元件电流传感器和光纤传感器等四种,各种方法的特点见表3-1。

表3-1　各种电流检测方式特点

项目	分流器	互感器	霍尔元件电流传感器	光纤传感器
插入损耗	有	无	无	无
布置形式	需插入主电路	开孔、导线传入	开孔、导线传入	—
测量对象	直流、交流、脉冲	交流	直流、交流、脉冲	直流、交流
电气隔离	无隔离	隔离	隔离	隔离
使用方便性	小信号放大、需控制处理	使用较简单	使用简单	—
使用场合	小电流、控制测量	交流测量,电控监控	控制测量	高压测量,电力系统常用
价格	较低	低	较高	高
普及程度	普及	普及	较普及	未普及

其中,光纤传感器昂贵的价格影响了其在控制领域的应用;分流器成本低、频响应好,但使用麻烦,必须接入电流回路;互感器只能用于交流测量;霍尔传感器性能好,使用方便。目前在电动车辆动力电池管理系统电流采集与监测方面应用较多的是分流器和霍尔传感器。

（四）烟雾采集方法

在车辆行驶过程中由于路况复杂及电池本身的工艺问题，可能由于过热、挤压和碰撞等原因导致电池出现冒烟或着火等极端恶劣的事故，若不能及时发现并得到有效处理，势必造成事故的进一步扩大，对周围电池、车辆以及车上人员构成威胁，严重影响到车辆运行的安全性。为防患于未然，近年来烟雾监测被引入电池管理系统的监测中，并越来越受到重视。

烟雾传感器种类繁多，从检测原理上可以分为三大类：①利用物理化学性质的烟雾传感器：如半导体烟雾传感器、接触燃烧烟雾传感器等；②利用物理性质的烟雾传感器：如热导烟雾传感器、光干涉烟雾传感器、红外传感器等；③利用电化学性质的烟雾传感器：如电流型烟雾传感器、电势型气体传感器等。由于烟雾的种类繁多，一种类型的烟雾传感器不可能检测所有的气体，通常只能检测某一种或两种特定性质的烟雾。例如，氧化物半导体烟雾传感器主要检测各种还原性烟雾，如 CO、H_2、C_2H_5OH、CH_3OH 等；固体电解质烟雾传感器主要用于检测无机烟雾，如 O_2、CO_2、H_2、Cl_2、SO_2 等。

在动力电池上应用，需要在了解电池燃烧产生的烟雾构成的基础上进行传感器的选择。一般电池燃烧产生大量的 CO 和 CO_2，因此可以选择对这两种气体敏感的传感器。传感器的结构需要适应于车辆长期应用的振动工况，防止由于路面灰尘、振动引起的传感器误动作。

动力电池管理系统中烟雾报警的报警装置应安装于驾驶员控制台，在接收到报警信号时，迅速发出声光报警和故障定位，保证驾驶员能够及时发现和接收报警器发出的报警信号。

例如，以北京理工大学为主开发的奥运电动客车中应用的电池系统烟雾报警系统，报警传感器采用 9 V 碱性或碳性电池供电，保证其 24 h 都能正常工作。报警信号采用车上 24 V 蓄电池电源，该路电源单独供应，保证了报警系统工作的独立性。分散的报警器通过内部的烟尘传感器检测烟尘浓度。当烟尘浓度未达到限量时，报警器内部控制器控制继电器输出为开路；当烟尘浓度超过限量时，报警器内部控制器控制继电器输出为短路，将 24 V 电源形成报警回路，发出声光报警信号。

任务小结

本部分主要介绍了电池管理系统结构、功能、工作原理及检测方法。

电池能量管理系统在从功能来说，主要由数据采集、电池状态计算、能量管理、安全管理、热管理、均衡控制、通信功能和人机接口组成。

电池管理系统按性质可分为硬件和软件,其中,BMS 的硬件主要包括主板、从板及高压盒,还包括采集电压、电流、温度等数据的电子器件;BMS 的软件包括监测电池的电压、电流、SOC 值、绝缘电阻值、温度值,通过与 VCU、车载充电机的通信,来控制动力蓄电池系统的充放电。

电池管理系统的主要工作原理可简单归纳为:数据采集电路采集电池状态信息数据后,由电子控制单元(ECU)进行数据处理和分析,然后电池管理系统根据分析结果对系统内的相关功能模块发出控制指令,并向外界传递参数信息。

电池管理系统的数据采集方法主要有单体电池电压检测法、电池温度采集法、电池工作电流采集方法、烟雾采集方法。其中单体电池电压检测法又分为:继电器阵列法、恒流源法、隔离运放采集法、压/频转换电路采集法、线性光耦合放大电路采集法。电池温度采集法又包括:热敏电阻采集法、热电偶采集法、集成温度传感器采集法。

一、判断题

1. 电池管理系统的所有算法都是以采集的动力电池数据作为输出,采样速率、精度和前置滤波特性是影响电池系统性能的重要指标。   (   )
2. 北汽 EV160 电池管理系统的数据采集单元主要包括低压控制盒(也称分控盒)。   (   )
3. 电流传感器是接触器盒中的一个电子元件。   (   )
4. 动力电池管理系统主要的功能就是数据采集。   (   )

二、选择题

1. 温度传感器包括(   )。【多选题】

   A. 热电偶   B. 热敏电阻

   C. 热敏晶体管   D. 集成温度传感器

2. 辅助元件包括(   )等。【多选题】

   A. 分流器   B. 互感器

   C. 霍尔元件电流传感器   D. 光纤传感器

3. 辅助元件包括(   )等。【单选题】

   A. 分控盒   B. 熔断器

   C. 高压盒   D. 接触器盒

三、简答题

1. 结合本任务内容,查找相关材料剖析最适合混合动力汽车动力电池使用的数据采集方法,并说出原由。

2. 简要阐述烟雾采集方法的原理。

3. 简要阐述电池管理系统的基本构成。

任务 2　动力电池电量管理

任务目标

1. 了解动力电池电量管理的作用。
2. 了解 SOC 估算的作用。
3. 掌握 SOC 估算常用的算法。
4. 掌握典型动力电池 SOC 的估算策略。

任务导入

一辆纯电动汽车刚充完电后行驶了 15 km，仪表上就显示"电量不足"，诊断结果为电池电量模块出现问题。高级技师希望你能够完成这辆车电池模块的检修。请完成动力电池电量管理相关内容的学习，根据 SOC 的估算，确定动力电池出现故障的原因。

知识储备

动力电池得以在电动汽车中被越来越广泛地应用与动力电池电量管理的功能密不可分。它可以对整个电池电量进行估算，从而让电动车辆处于安全且可以持续工作的状态。

通常在车辆运行过程中，能够通过传感器直接测量得到的参数仅有动力电池端电压、动力电池工作电流、动力电池的温度，而车辆动力的控制需要用到的物理量包括电池当前的 SOC、电池当前的 SOH、最大可充放电功率等。因此，动力电池电量管理最核心的功能就是荷电状态(SOC)的预估，SOC 估算通过估算电池的剩余容量，为车辆进行相应的控制提供依据及为驾驶员合理安排驾驶提供参考。电动汽车动力电池 SOC 的合理范围是 30%～70%。

一、SOC 估算的作用

SOC 是防止动力电池过充电和过放电的主要依据，只有准确估算电池组的 SOC 才能有效提高动力电池组的利用效率,保证电池组的使用寿命。在电动汽车中,准确估算动力电池SOC 的作用包括以下四点。

(1) 保护蓄电池。对于蓄电池而言,过充电和过放电都可能对蓄电池造成永久性的损害,严重缩短电池的使用寿命。如果可以提供准确的 SOC 值,整车控制策略可以将 SOC 控制在一定的范围之内(20%~80%),起到防止对电池过充电或过放电的作用,从而保证电池的正常使用,延长电池的使用寿命。

(2) 提高整车性能。在没有提供准确的 SOC 值的情况下,为了保证电池的安全使用,整车控制策略需要保守地使用电池,防止电池出现过充电或过放电的情况,这样不能充分发挥电池的性能,因而降低了整车的性能。

(3) 降低对动力电池的要求。在准确估算 SOC 的前提下,电池的性能可以被充分使用。选用电池时,针对电池性能设计的余量可以大大减小。例如在准确估算 SOC 的前提下,只需要使用容量为 40 A · h 的动力电池组。如果不能提供准确的 SOC 值,为了保证整车的性能和可靠性,可能需要选择 60 A · h 甚至更高容量的动力电池组。

(4) 提高经济性,选择较低容量的动力蓄电池组可以降低整车的制造成本。同时,由于提高了性能的可靠性,后期的维护成本也大大降低。

二、SOC 估算常用的算法

目前最常用的估算方法有开路电压法、容量积分法、电池内阻法、模糊逻辑推理和神经网络法、卡尔曼滤波法等。

1. 开路电压法

开路电压法是最简单的测量方法,主要根据电池组开路电压判断 SOC 的大小。由电池的工作特性可知,电池组的开路电压和电池的剩余电量容量存在着一定的对应关系。某动力电池组的电压与容量的对应关系如图 3 - 10 所示。随着电池放电容量的增加,电池的开路电压降低。由此,可以根据一定的充放电倍率时电池组的开路电压和 SOC 的对应曲线,通过测量电池组开路电压的大小,插值估算出电池的 SOC 值。

该方法简单易行,但由于不同充放电倍率时电池组的电压不一致,因此,在电流波动比较大的场合,这种方式的计量将失去意义。另外,不同应用工况下电池组的内阻大小不一样,导致了同样充放电倍率下不同时期的电池组的电压不一致,使得该测量方式的测量精度很低。同时,温度对电池组的放电平台影响比较大,因此,单靠电压来估算 SOC 的方法难以满足实际需求。

还有一种是在电池组充放电状态转换时通过电压对电池组的容量进行估算,根据经验模型,在充放电状态改变时用模型来估计容量。相当于引入电池的内阻进行校正,比普通的

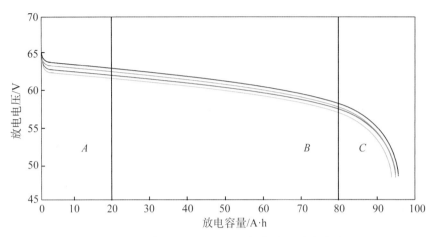

图 3-10　某动力电池组电压与容量的对应关系

电压和容量相对应的方式精确度稍高一些。

开路电压法对单体电池的估计要优于电池组，若电池组中出现单体电池不均衡，会导致电池组的可用容量降低时电压仍很高，因此，该方法不适合个体差异大的电池组。

2. 容量积分法

容量积分法是通过对单位时间内，流入流出电池组的电流进行累积，从而获得电池组每一轮放电能够放出的电量，确定电池 SOC 的变化。设电池满充电状态下电量为 Q_M，完全放电后电池电量为 0，则有

$$SOC = \frac{Q_M - \int_0^t i\,dt}{Q_M} \tag{3-4}$$

该计算方式虽然可行，但是由于电池放电的特殊性，不同放电倍率状态下 Q_M 的值不同。在大电流放电时候，电池电压下降到电池工作截止电压以下，但显示的 SOC 计算值大于 0。而在小电流放电时，电池的 SOC 计算值减小到 0 时电池还能工作。

同时，电流积分法存在着一定的误差，多次循环之后会出现一些误差积累，使该误差越来越大。因此需要校正，目前的方法大多利用电池组电压来校正因电流积分导致的累积误差。通过电池组放电到放电终止电压时，无论 SOC 值为多少都置为 0，这样可以避免长时间积分的累积误差。有的在电池组静态时采用电压法来校正 SOC，而在工作时用电流积分的方法。然而由于电压和容量的对应关系，受到了温度、放电电流、电池组均衡性的影响，因此，仅仅通过电压法校正 SOC 的精度仍然较低，需要作进一步的改进。

3. 电池内阻法

电池内阻有交流内阻（常称交流阻抗）和直流内阻之分，它们都与 SOC 有密切关系。

电池交流阻抗为电池电压与电流之间的传递函数,是一个复数变量,表示电池对交流电的反抗能力,要用交流阻抗仪来测量。电池交流阻抗受温度影响大,是对电池处于静置后的开路状态,还是对电池在充放电过程中进行交流阻抗测量,存在争议,所以很少在实车测量中使用。

直流内阻表示电池对直流电的反抗能力,等于在同一很短的时间段内,电池电压变化量与电流变化量的比值。实际测量中,将电池从开路状态开始恒流充电或放电,相同时间里负载电压和开路电压的差值除以电流值就是直流内阻。直流内阻随 SOC 的变化规律如图 3-11 所示。

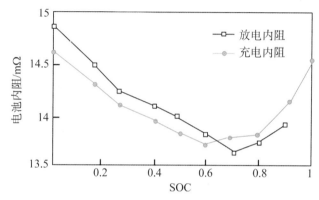

图 3-11　某电池直流内阻随着 SOC 的变化规律

直流内阻的大小受计算时间段影响,若时间段短于 10 ms,只有欧姆内阻能够被检测到;若时间段较长,内阻将变得复杂。准确测量单体电池内阻比较困难,这是直流内阻法的缺点。在某些电池管理系统中,内阻法与容量积分法组合使用来提高 SOC 估算的精度。

4. 模糊逻辑推理和神经网络法

模糊逻辑推理和神经网络是人工智能领域的两个分支,模糊逻辑接近人的形象思维方式,擅长定性分析和推理,具有较强的自然语言处理能力;神经网络采用分布式存储信息,具有很好的自组织、自学习能力。它们共同的特点是均采用并行处理结构,可从系统的输入、输出样本中获得系统输入、输出关系。电池是高度非线性的系统,可利用模糊推理和神经网络的并行结构和学习能力估算 SOC。

采用神经网络预测 SOC 的典型结构如图 3-12 所示。网络结构为多输入单输出的三层前馈网络。输入量为电流、电压、温度、充放电容量、内阻等,输出量为 SOC 值。中间层神经元个数取决于问题的复杂程度及分析精度。神经网络输入变量的选择是否合适,变量数量是否恰当,直接影响模型的准确性和计算量。神经网络法适用于各种电池,其缺点是需要大量的参考数据进行训练,估计误差受训练数据和训练方法的影响很大。

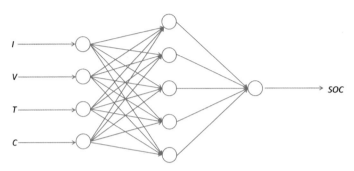

图 3-12　估算 SOC 神经网络结构图

5. 卡尔曼滤波法

卡尔曼滤波理论的核心思想是对动力系统的状态做出最小方差意义上的最优估算。卡尔曼滤波法应用于电池 SOC 估算,电池被称为动力系统,SOC 是系统的一个内部状态。电池模型的一般数学形式为

状态方程:

$$x_{k+1} = A_k x_k + B_k u_k + w_k = f(x_k, w_k) \tag{3-5}$$

观测方程:

$$y_k = c_k x_k + v_k = g(x_k, u_k) + v_k \tag{3-6}$$

系统的输入向量 u_k 中,通常包含电池电流、温度、剩余电量和内阻等变量,系统的输出量 y_k 通常为电池的工作电压,电池 SOC 包含在系统的状态量 x_k 中。$f(x_k, w_k)$ 和 $g(x_k, u_k)$ 都是由电池模型确定的非线性方程,在计算过程中要进行线性化。w_k 和 u_k 为互不相关的系统噪声,一般而言,它们为系统传感器的误差以及系统建模、系统参数不精确引起的误差。估计 SOC 算法的核心,是一套包括 SOC 估计值和反应估计值误差的协方差矩阵的递归方程,协方差矩阵用来给出估计误差范围。

卡尔曼滤波方法适用于各种电池,与其他方法相比,尤其适合于电流波动比较剧烈的混合动力汽车电池 SOC 的估计,它不仅给出 SOC 的估计值,还给出了 SOC 的估计误差。该方法的缺点是要求电池 SOC 估计精度越高,电池模型越复杂,涉及大量矩阵运算,工程上难以实现,且该方法对于温度、自放电率以及放电倍率对容量的影响考虑得不够全面。

三、典型动力电池 SOC 的估算策略

锂电池是现在电动汽车中比较常用的电池,有着无比优越的性能。本任务以锂电池为典型讲解动力电池 SOC 估算的过程。

锂电池的 SOC 的估算方法有开路电压法、安时积分法、神经网络法和卡尔曼滤波法等。但是随着研究的不断深入,现在有了一种新型算法 EKF - Ah - OCV 组合算法来完成锂电池 SOC 估算。本任务以此为例。

EKF - Ah - OCV 组合算法包含了卡尔曼滤波算法、安时积分法和开路电压法这 3 种算法,用于估算锂电池动态系统随时间的变化和状态,流程图如图 3 - 13 所示。

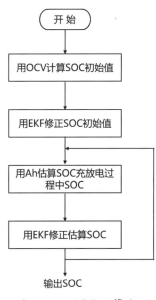

图 3 - 13　SOC 估算流程

具体算法步骤:

① t_0 时刻,电池处于静置状态,用开路电压法测量出电池的开路电压并计算出 SOC 的初始值 SOC_0。

② 在 $t_0 \sim t_1$ 阶段,用拓展卡尔曼算法修正 SOC_0,也包含在这个时间段。

③ 在 $t_1 \sim t_2$ 阶段,这个阶段 SOC 初始值为 SOC_1,用安时积分法估算出 SOC,t_2 时刻 SOC 为 SOC_2。

④ 在 $t_2 \sim t_3$ 阶段,用扩展卡尔曼滤波算法修正 SOC_2,在时刻 t_3 得到估算值 SOC_3。

⑤ 重复步骤③和④,直至放电结束。

用初始值进行扩展卡尔曼修正,辅以安时积分法并进行扩展卡尔曼修正,相较于单独使用上述 3 种算法或者两两组合算法,通过对初始值修正使得估算值更加接近真实值。把此算法应用到电池管理系统,锂电池的能量就能被更加高效地利用,并且无须考虑锂电池的过充电或者过放电。

　　动力电池电量管理最核心的功能就是荷电状态(SOC)的预估,SOC估算通过估算电池的剩余容量,为车辆进行相应的控制提供依据及为驾驶员合理安排驾驶提供参考。

　　电动汽车动力电池 SOC 的合理范围是30%~70%。

　　SOC估算的作用是保护蓄电池、提高整车性能、降低对动力电池的要求以及提高经济性。

　　SOC估算常用的算法包括开路电压法、容量积分法、电池内阻法、模糊逻辑推理和神经网络法及卡尔曼滤波法。

　　现有有了一种新型算法 EKF‐Ah‐OCV 组合算法完成锂电池 SOC 估算。此算法包含了卡尔曼滤波算法、安时积分法和开路电压法这3种算法,用于估算锂电池动态系统随时间的变化和状态。

任务练习

一、判断题

1. 只有准确估算电池组 SOC 才能有效提高动力电池组的利用效率,保证电池组的使用寿命。　　　　　　　　　　　　　　　　　　　　　　　　　　　　　　　(　　)

2. 估算 SOC 是为了让电池的性能可以被充分使用。　　　　　　　　　　(　　)

3. 开路电压法最主要的作用是根据电池组开路电压判断 SOC 的大小。　(　　)

4. 电池内阻是指交流内阻。　　　　　　　　　　　　　　　　　　　　(　　)

二、选择题

1. 下列选项中不属于 SOC 估算作用的选项是(　　)。【单选题】

　　A. 保护蓄电池　　　　　　　　　　　　B. 提高整车性能

　　C. 控制动力电池充电速率　　　　　　　D. 提高经济性

2. (　　)是比较简单易行的 SOC 估算方法。【单选题】

　　A. 开路电压法　　　　　　　　　　　　B. 容量积分法

　　C. 电池内阻法　　　　　　　　　　　　D. 卡尔曼滤波法

3. 常用的 SOC 估算方法包括(　　)等。【多选题】

A. 开路电压法
B. 容量积分法
C. 电池内阻法
D. 模糊逻辑推理和神经网络法

三、 简答题

1. 结合本任务内容,查找相关材料剖析纯电动汽车动力电池中最常用的 SOC 估算方法。

2. 简要阐述 SOC 估算的作用。

3. 以一种 SOC 估算方法为例详细写出其估算策略。

任务 3　动力电池均衡管理

任务目标

1. 了解动力电池的均衡管理。
2. 掌握动力电池的均衡管理方法。
3. 掌握动力电池均衡充电控制策略。
4. 熟悉动力电池均衡管理系统应用中存在的问题。

任务导入

某职业院校老师用电脑里的锂电池做了一个实验：用 5 个性能良好的锂电池，各电池上并联一个带锁按钮开关，并将 4 个平衡电阻分别串联在 4 个电池的电路中，最终 4 个电池串联成一个电路。按下每个电池带锁开关可以控制其充电。第一次是对每个电池充电 2 h 后，使用万用表检测每个电池的电压，4 组电池电压相近；第二次，将其中 1 个电池替换成没有安装 20 Ω 的平衡电阻的电池，同样充电 2 h 后进行检测，发现有些电池处于电量充足状态，有些电池则电量仍然不足。请完成本任务的学习，分析其原因是什么。

知识储备

随着动力蓄电池在电动汽车动力系统中的广泛应用，逐渐暴露出一系列诸如耐久性、可靠性和安全性等方面的问题。电池成组后单体之间的容量和能量的不一致是引起一系列问题的主要原因之一。为了平衡电池组中单体电池的差异，提高电池组的能量利用率，在电池组的充放电过程中需要使用均衡电路。

一、动力电池均衡管理的功能

由于电动汽车类型和使用条件限制，对电池组功率、电压等级和额定容量的要求存在差

图 3-14　单体电池之间的不一致

别,电池组中单体电池数量存在很大的差异。新的电池在出厂时,已经做好了电池的均衡,容量一致,长时间使用后,容量产生衰减,各个电池之间的容量变得不一致,如图 3-14 所示。

总体来看,单体电池数量越多,电池一致性差别越大,对电池组性能的影响也越明显。车载锂离子动力电池成组后,单体电池性能的不一致严重影响了电池组的使用效果,缩短了电池组的使用寿命。造成单体电池间差异的因素主要有以下三方面。

(1)电池制作工艺限制,即使同一批次的电池也会出现不一致。

(2)电池组中单体电池的自放电率不一致。

(3)电池组使用过程中,温度、放电效率、保护电路对电池组的影响会导致差异的放大。

因此,均衡系统是车载锂离子动力电池组管理系统的关键技术。从电池集成和管理方面来看,主要可以从两个方面来缓解电池不一致带来的影响:成组前动力蓄电池的分选;成组后基于电池组不一致产生的表现形式和参数的电池均衡技术。然而,成组前单体电池的分选技术在保证电池组均衡方面能力是有限的,其无法消除电池组在使用过程中产生的不均衡。所以,基于电池组不一致的表现形式和参数的电池均衡技术是保证电池组正常工作、延长电池寿命的必要模块和技术。均衡作用如图 3-15 所示。

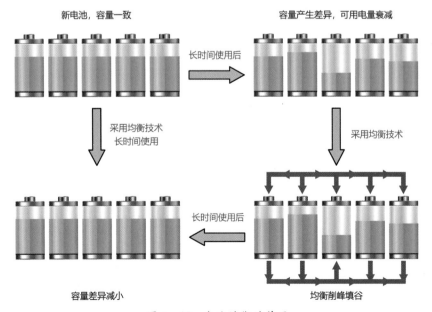

图 3-15　电池均衡的作用

二、动力电池的均衡管理方法

根据均衡过程中对传递的能量处理方式的不同,均衡电路可以分为能量耗散型(即有损均衡)和非能量耗散型(即无损均衡),国外有些文献又分别称之为被动均衡(passive balancing)和主动均衡(active balancing),如图 3 - 16 所示。

电池管理系统均衡管理功能展示

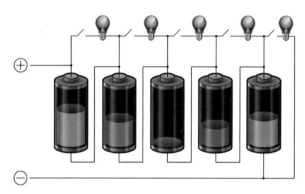

图 3 - 16　动力电池均衡管理方法

(一) 能量耗散型均衡管理

能量耗散型是通过单体电池的并联电阻进行分流从而实现均衡的。这种电路结构简单,均衡过程一般在充电过程中完成,对容量低的单体电池不能补充能量,存在能量浪费和增加热管理系统负荷的问题。能量耗散型一般有两类:

1. 恒定分流电阻均衡充电电路

每个电池单体上都始终并联一个分流电阻。这种方式的特点是可靠性高,分流电阻的值大,通过固定分流来减小由于自放电导致的单体电池差异。其缺点在于无论电池充电还是放电过程,分流电阻始终消耗功率,能量损失大,一般在能够及时补充能量的场合适用。

2. 开关控制分流电阻均衡充电电路

分流电阻通过开关控制,在充电过程中,当单体电池电压达到截止电压时,均衡装置能阻止其过充电并将多余的能量转化成热能。这种均衡电路在充电期间,特点是可以对充电时单体电池电压偏高者进行分流。其缺点是由于均衡时间的限制,导致分流时产生的大量热量需要及时通过热管理系统耗散,尤其在容量比较大的电池组中更加明显。例如,10 A·h 的电池组,100 mV 的电压差异,最大可达 500 mA·h 以上的容量差异,如果以 2 h 的均衡时间,则分流电流为 250 mA,分流电阻值约为 14 Ω,则产生的热量为 2 W·h 左右。

能量耗散型电路结构简单,但是均衡电阻在分流的过程中,不仅消耗了能量,而且还会由于电阻的发热引起电路的热管理问题。由于其实质是通过能量消耗的办法限制单体电池出现过高或过低的端电压,所以,只适合在静态均衡中使用,其高温升等特点降低了系统的可靠性,不适用于动态均衡。该方式仅适合小型电池组或者容量较小的电池组。

(二) 非能量耗散型均衡管理

非能量耗散型电路的耗能相对于能量耗散型电路小很多,但电路结构相对复杂,可分为能量转换式均衡和能量转移式均衡两种方式。

1. 能量转换式均衡

能量转换式均衡是通过开关信号,将电池组整体能量对单体电池进行能量补充,或者将单体电池能量向整体电池组进行能量转换。其中单体电池能量向整体能量转换,一般都是在电池组充电过程中进行的,电路如图 3 - 17 所示。该电路是检测各个单体电池的电压值,当单体电池电压达到一定值时,均衡模块开始工作。把单体电池中的充电电流进行分流从而降低充电电压,分出的电流经模块转换把能量反馈回充电总线,达到均衡的目的。还有的能量转换式均衡可以通过续流电感,完成单体电池到电池组的能量转换。

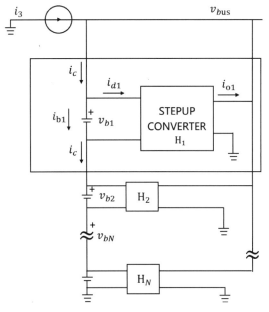

图 3 - 17　单体电压向整体电压转换方式

电池组整体能量向单体电池转换,电路如图 3 - 18 所示。这种方式也称为补充式均衡,即在充电过程,首先通过主充电模块对电池组进行充电,电压检测电路对每个单体电池进行监控。当任一单体电池的电压过高,主充电电路就会关闭,然后补充式均衡充电模块开始对电池组充电。通过优化设计,均衡模块中充电电压经过一个独立的 DC/DC 变换器和一个同轴线圈变压器,给每个单体电池上增加相同的次级绕组。这样,电压高的单体电池从辅助充电电路上得到的能量少,而电压低的单体电池从辅助充电器上得到的能量多,从而达到均衡的目的。此方式的问题在于次级绕组的一致性难以控制,即使次级绕组匝数完全相同,考虑到变压器漏感以及次级绕组之间的互感,单体电池也不一定获得相同的充电电压。同时,同轴线圈也存在一定的能量耗散,并且这种方式的均衡只有充电均衡,对于放电状态的不均衡无法起作用。

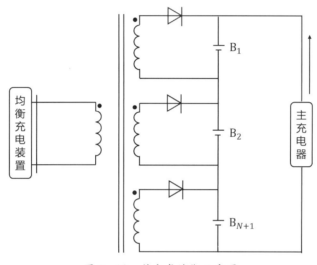

图 3 - 18　补充式均衡示意图

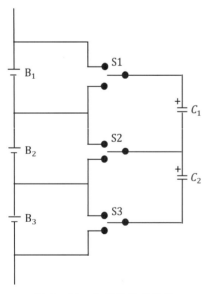

图 3 - 19　能量转移式均衡

能量转换式电路是一种通过开关电源来实现能量变换的电路。相对于能量转移式均衡电路来说,它的电路复杂程度降低了很多,成本也降低了。但对同轴线圈,由于绕组到各单体电池之间的导线长度和形状不同,变压比有差异,导致对每个单体电池均衡的不一致,有均衡误差。另外同轴线圈本身由于电磁泄漏等问题,也消耗了一定的能量。

2. 能量转移式均衡

能量转移式均衡是利用电感或电容等储能元件,把能量从电池组中容量高的单体电池,通过储能元件转移到容量比较低的电池上,如图 3 - 19 所示。该电路是通过切换电容开关传递相邻单体电池间的能量,从而达到均衡的目的。另外,也可以通过电感储能的方式,对相邻单体电池间进行双向传递。此电路的能量损耗很小，但是均衡过程中必须有多次传输，均衡时间长，不适于多串的电池组。改进的电容开关均衡方式，可通过选择最高电压单体电池与最低电压单体电池间进行能量转移，从而使均衡速度增快。能量转移式均衡中能量的判断以及开关电路的实现较困难。

能量转移式均衡是一种电池容量补偿的方法，就是从容量高的单体电池取出一些电量来补偿容量低的单体电池。这个方法虽然可行，但是由于在实际电路中需要对各个单体电池电压进行检测判断，电路会很复杂，且体积大、成本高。另外，能量的转移是通过一个储能媒介来实现的，存在一定的消耗及控制问题。该均衡方式一般应用于中大型电池组。

除上述均衡方法外，在充电应用过程中，还可采用涓流充电的方式实现电池的均衡。这是最简单的方法，不需要外加任何辅助电路。其方法是对串联电池组持续用小电流充电。由于充电电流很小，这时的过充电对满充电池所带来的影响并不严重。由于已经充满的电池没办法将更多的电能转换成化学能，多余的能量将会转化成热量。而对于没有充满的电池，却能继续接收电能，直至到达满充点。这样，经过较长的周期，所有的电池都将会达到满充状态，从而实现了容量均衡。但这种方法需要很长的均衡充电时间，且消耗相当大的能量来达到均衡。另外，在放电均衡管理上，这种方法是不能起任何作用的。

三、动力电池均衡充电控制策略

电动汽车中的动力电池使用较多的是锂电池，锂电池充电方式很多，有恒压、恒流以及三段式充电等，合理的充电方式，不仅可以尽可能地将锂电池电量充满，而且可以缓解充电过程中对电池本身特性造成的伤害，最大限度地延长电池使用寿命。

科学家 Jostph A. Mass 提出了针对锂电池快速充电的马斯公式，见公式（3-7）。

$$i(t) = I_0 e^{-at} \tag{3-7}$$

式中，$i(t)$ 为动力电池组进行充电的瞬时电流；I_0 为对电池组进行充电的最大充电电流允许值；a 为充电接受率。

通过马斯公式和最佳充电特性曲线，可以发现充电电流随时间呈指数规律下降，如图 3-20 所示。

图 3-21 为马斯公式和最佳充电特性对应的三段式充电策略，图中 C 为电池额定容量之电流部分，用以衡量充电电流的大小。所谓三段式充电，即先通过恒定电流对电池进行充电，此时的充电电流较大，充电电压在比较短的时间内可以快速升高，为电池组快速充电阶段。当到达 t_1 时，电池电量上升约为总电量的 80%；然后进行恒定电压充电模式，此时的充电电压恒定，充电电流随着时间的变化呈指数规律下降；t_2 时间以后会涓流充电，即让动力电池组的充电电流维持在近似完全充电状态下的小电流充电，依次补偿自放电造成的电量损失。

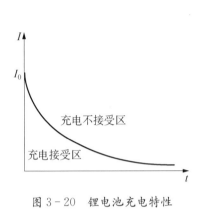

图 3-20　锂电池充电特性

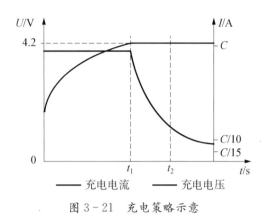

图 3-21　充电策略示意

采用三段式充电控制策略,可以较好地贴合最佳充电特性曲线,减少恒压充电或恒流充电方式中析气的缺点,更好地维护锂电池本身的特性,减少充电过程中对其造成的伤害,而且有效地缩短了动力电池组充电时间,并可以延长锂电池的使用寿命,不对电池造成伤害。

四、动力电池均衡管理系统应用中存在的问题

现有的电池均衡方案中,基本上是以电池组的电压来判断电池的容量,是一种电压均衡方式。这样,要达到对电池组均衡的目的,首先,对电压检测的准确性和精度要求很高,而电压检测电路漏电流的大小,而电压检测电路漏电流的大小,直接影响了电池组的一致性。因此,设计出简单、高效的电压检测电路是均衡电路需要解决的一个问题。

同时,电压不是电池容量的唯一量度,电池内阻及连接方式的接触电阻也会导致电池电压的变化,因此,如果一味地按照电压进行均衡,将会导致过度均衡,从而浪费能量。极端情况下,有可能导致容量均衡的电池组出现不均衡。

本部分主要介绍了动力电池的均衡管理功能、管理方法、控制策略以及在应用中存在哪些问题。

均衡系统是车载动力锂电池组管理系统的关键技术。从电池集成和管理方面来看,主要可以从两个方面来缓解电池不一致带来的影响:成组前动力蓄电池的分选;成组后基于电池组不一致产生的表现形式和参数的电池均衡技术。

根据均衡过程中对传递的能量的处理方式不同,均衡电路可以分为能量耗散型均衡型(即有损均衡)和非能量耗散型(即无损均衡),国外有些文献又分别称之为被动均衡(passive balancing)和主动均衡(active balancing)。

　　能量耗散型是通过单体电池的并联电阻进行分流从而实现均衡的。这种电路结构简单,均衡过程一般在充电过程中完成,对容量低的单体电池不能补充能量,存在能量浪费和增加热管理系统负荷的问题。能量耗散型一般有两类:恒定分流电阻均衡充电电路和开关控制分流电阻均衡充电电路。

　　非能量耗散型电路的耗能相对于能量耗散型电路小很多,但电路结构相对复杂,可分为能量转换式均衡和能量转移式均衡两种方式。

任务练习

一、判断题

1. 动力电池中单体电池数量越多,电池一致性差别越小,对电池组性能的影响也越小。

（　　）

2. 能量耗散型是通过单体电池的并联电阻进行分流从而实现均衡的。　　　　（　　）

3. 能量转换式均衡是通过开关信号,将电池组整体能量对单体电池进行能量补充。

（　　）

4. 科学家 Jostph A. Mass 提出了镍氢电池快速充电的马斯公式。　　　（　　）

二、选择题

1. 能量耗散型也称之为(　　)。【单选题】

　　A. 能量分散　　　　　　　　　　　　B. 被动均衡

　　C. 能量消耗　　　　　　　　　　　　D. 被动分散

2. 能量转换时均衡属于(　　)。【单选题】

　　A. 能量耗散型均衡管理　　　　　　　B. 能量转移式均衡管理

　　C. 非能量耗散型均衡管理　　　　　　D. 被动均衡型

3. 根据均衡过程中对传递的能量的处理方式不同,均衡电路可以分为(　　)。【多选题】

　　A. 能量耗散型均衡管理　　　　　　　B. 分流电阻均衡充电电路

　　C. 能量转移式均衡管理　　　　　　　D. 非能量耗散型均衡管理

三、简答题

1. 结合本任务内容,查找相关材料剖析出动力电池均衡管理方法的优缺点。

2. 简要阐述动力电池均衡管理的功能。

任务 4　动力电池热管理

任务目标

1. 了解动力电池热管理系统的功能。
2. 熟悉动力电池热管理系统的分类及组成。
3. 掌握动力电池热管理系统的工作原理。

任务导入

学生小斑在家偷偷用电脑打游戏,当通过窗外的"监控器"看到爸爸已经到楼下时,为了防止爸爸发现他打游戏,需要快速给电脑降温。他在家找到一个可以吹冷风的吹风机和一个冰可乐。请学习本任务的相关知识,并根据当时的情况,选择合适的冷却方式,并阐述其中的原理。

知识储备

动力电池是电动汽车的能量来源,在充放电过程中电池本身会伴随产生一定的热量,从而导致温度上升,而温度升高会影响电池的很多工作特性参数,如内阻、电压、SOC、可用容量、充放电效率和电池寿命。电池热效应问题也会影响到整车的性能和循环寿命,因此,做好热管理对电池的性能、寿命乃至整车行驶里程都十分重要。

一、动力电池热管理系统的功能

由于过高或过低的温度都将直接影响动力电池的使用寿命和性能,并有可能导致电池系统的安全问题,并且电池箱内温度场的长久不均匀分布将造成各电池模块、单体电池间性能的不均衡,因此,电池热管理系统对于电动车辆动力电池系统而言是必需的。可靠、高效的热管理系统对于电动车辆的可靠安全应用意义重大。

电池组热管理系统有如下五项主要功能。

（1）电池温度的准确测量和监控。

（2）电池组温度过高时的有效散热和通风。

（3）低温条件下的快速加热。

（4）有害气体产生时的有效通风。

（5）保证电池组温度场的均匀分布。

二、动力电池热管理系统的分类及组成

不同的热管理系统,零部件类型的结构不同、重量不同以及系统的成本不同,使得系统所达到的性能也不相同,主要分为直冷系统、低温散热器冷却系统、直接冷却液冷却系统、空冷/水冷混合冷却系统、直接空气冷却系统。

1. 直冷系统

直冷系统具有系统紧凑、重量轻以及性能好的优点。它主要由压缩机、制冷蒸发器、驾驶舱蒸发器、冷凝器以及冷却管路等组成,如图 3 - 22 所示。但是此系统是一个双蒸发器系统,系统没有电池制热,没有冷凝水保护,制冷剂温度不易控制且制冷剂系统寿命短。

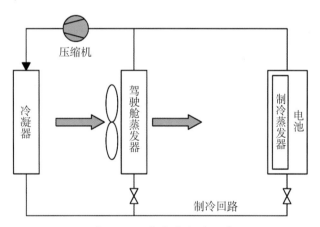

图 3 - 22　直冷系统原理图

2. 低温散热器冷却系统

低温散热器冷却系统是电池的一个单独系统,由散热器、水泵和加热器等组成,如图 3 - 23 所示。该冷却系统具有简单、成本低、低温环境下经济节能等优点。但是此系统有着冷却性能低、夏天冷却液温度高、应用受天气限制等缺点。

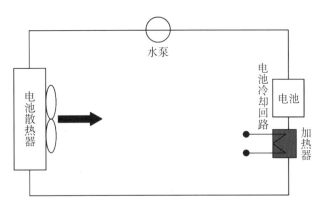

图 3-23 低温散热器冷却系统原理图

3. 水冷却系统

直接冷却液冷却系统由冷凝器、驾驶舱蒸发器、压缩机、电池冷却器、加热器、水泵等组成,如图 3-24 所示。水冷却系统具有系统紧凑、冷却性能好以及工业应用范围广等优点。但是此系统零部件比直冷系统多、系统复杂、燃料经济性差且压缩机负荷高。此类型的冷却系统是目前最常用的电池热管理系统之一。

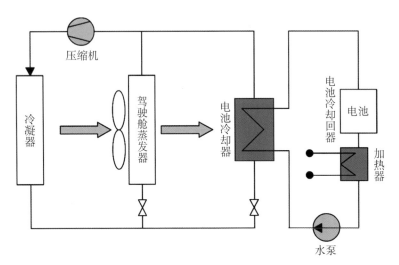

图 3-24 直接冷却液冷却系统组成

4. 空气冷却系统

空气冷却系统利用驾驶舱的低温空气对电池进行冷却,其主要由驾驶舱蒸发器、压缩机、冷凝器等组成,如图 3-25 所示。直接空气冷却系统具有系统简单、空气温度可控以及成本低等优点。但是此系统并不是所有类型的单体电池都适合,浸湿后恢复慢且电池内部会有污染的风险。

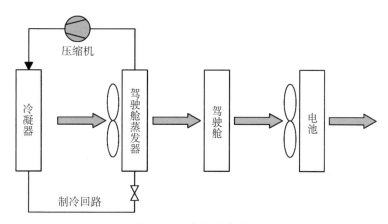

图 3-25　空气冷却系统

5. 空冷/水冷混合冷却系统

空冷/水冷混合冷却系统是空气冷却和水冷却两种系统并存的冷却系统，主要由冷凝器、驾驶舱蒸发器、电池散热器、水泵等组成，如图 3-26 所示。它具有系统紧凑、性能好且低温环境下经济节能等优点。但是此系统复杂、成本高、控制复杂且可靠性要求高。

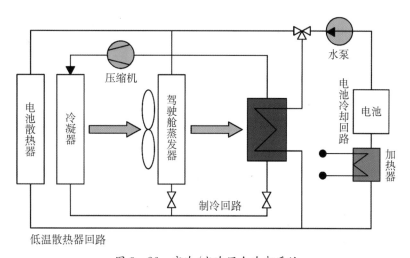

图 3-26　空冷/水冷混合冷却系统

三、动力电池热管理系统的工作原理

在动力电池组热管理系统中最常用的热管理方式是空气冷却方式和水冷却方式。

（一）空气冷却方式工作原理

空气冷却系统在动力电池的环境温度较低时，利用乘客舱内的暖风对动力电池进行保温；在动力电池温度较高时，利用乘客舱内的空调系统产生的冷空气对动力电池进行冷却降温，其结构原理如图3-27所示。

电池管理系统热管理功能演示

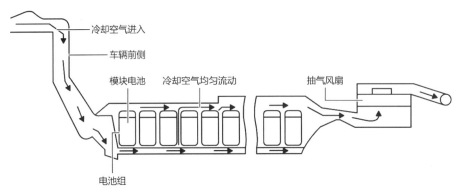

图3-27　空气冷却式动力电池热管理系统工作原理

（二）水冷却方式工作原理

水冷却方式的基本工作原理是通过制冷剂回路冷却电池冷却液，被冷却的电池冷却液流经电池内部流道，带走电池的热量，达到为电池降温的目的。但是不同汽车的结构不相同，水冷却方式的工作原理也不完全相同，本任务以比亚迪E5为例进行讲解。

1. 水冷却方式——加热

当动力电池传感器感受到动力电池温度过低时，将信息传给电池管理系统，电池管理系统控制补偿罐开始工作，冷却液经由变量水泵后流向电池PTC，之后电池PTC对冷却液进行加热，加热后热冷却液继续流向热交换器（不工作）、温度传感器，最终流向动力电池对动力电池进行升温。

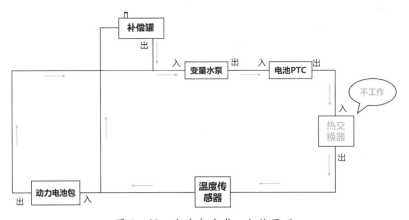

图3-28　水冷却方式——加热原理

2. 水冷却方式——降温

当动力电池传感器感受到动力电池温度过高时,将信息传给电池管理系统,电池管理系统控制补偿罐开始工作,冷却液经由变量水泵后依次流向电池 PTC(不工作)、热交换器,此时热交换器开始散热对冷却液进行降温,降温后的冷却液最终流向动力电池对动力电池进行降温。

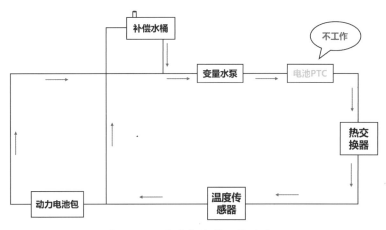

图 3-29　水冷却方式—降温原理

任务小结

本部分主要介绍了动力电池热管理系统的功能、分类、组成及工作原理。

电池组热管理系统的主要功能是:电池温度的准确测量和监控、电池组温度过高时的有效散热和通风、低温条件下的快速加热、有害气体产生时的有效通风及保证电池组温度场的均匀分布。

不同的热管理系统,零部件类型的结构不同、重量不同以及系统的成本不同,使得系统所达到的性能也不相同,主要分为直冷系统、低温散热器冷却系统、直接冷却液冷却系统、空冷/水冷混合冷却系统、直接空气冷却系统。

在动力电池组热管理系统中最常用的热管理方式是空气冷却方式和水冷却方式。顾名思义,在动力电池温度较低时,利用乘客舱内的暖风对动力电池进行保温;在动力电池温度较高时,利用乘客舱内的空调系统产生的冷空气对动力电池进行冷却降温。而水冷却则是通过制冷剂回路冷却电池冷却液,被冷却的电池冷却液流经电池内部流道,带走电池的热量,达到为电池降温的目的。

📝 **任务练习**

一、判断题

1. 直冷系统具有系统紧凑、重量轻以及性能好的优点。 （　　）
2. 水冷却系统是电池的一个单独系统。 （　　）
3. 低温散热器冷却系统具有系统简单、空气温度可控以及成本低等优点。 （　　）
4. 在比亚迪的电池管理系统中负责冷却液储备的称之为控制补偿罐。 （　　）

二、选择题

1. 在下列选项中具有简单、成本低、低温环境下经济节能等优点的冷却系统是？（　　）。【单选题】
   A. 直冷系统 　　　　　　　　　　B. 低温散热器冷却系统
   C. 水冷却系统 　　　　　　　　　D. 空气冷却系统

2. 在下列选项中具有系统简单、空气温度可控以及成本低等优点的是？（　　）。【单选题】
   A. 直冷系统 　　　　　　　　　　B. 低温散热器冷却系统
   C. 水冷却系统 　　　　　　　　　D. 空气冷却系统

3. 在比亚迪 E5 动力电池管理系统中使用水冷却方式的加热模式时，工作的部件有哪些？
   （　　）。【多选题】
   A. 变量水泵 　　　　　　　　　　B. 补偿罐
   C. 热交换器 　　　　　　　　　　D. 电池 PTC

三、简答题

1. 结合本任务内容，查找相关材料剖析空冷/水冷混合冷却系统的工作过程。
2. 简要阐述空气冷却方式的工作原理。
3. 简要阐述水冷却方式的工作原理。

任务 5　动力电池安全管理及数据通信

任务目标

1. 了解动力电池安全管理系统的功能。
2. 了解动力电池数据通信系统的功能。
3. 掌握烟雾报警器的组成及工作原理。
4. 掌握动力电池数据通信系统的组成及工作原理。

任务导入

某职业院校新能源汽车技术专业的两学生,因"纯电动汽车中的锂电池是否会爆炸"发生争执。一个说"纯电动汽车内锂电池会发生爆炸",另一个说"汽车使用的锂电池有管理系统,有危险的时候会自动断电,不会发生爆炸"。究竟哪位同学的观点正确呢? 请学习动力电池安全管理及数据通信相关知识,对他们的观点进行判断。

知识储备

电动汽车的一个重要特点就是车内有保证足够动力性能的高电压回路,其高达 300 V 以上的电压已经大大威胁人身安全和车载高压用电器的使用安全。高压系统的正常工作电流可能达到数十甚至数百安培,当瞬时短路时放电电流更是成倍增加。因此在车辆本身会设置一些安全管理系统和数据通信的部件以保证人和车辆的安全。

一、动力电池安全管理系统

电池安全管理系统主要包括烟雾报警、绝缘检测、自动灭火、过电压和过电流控制、过放电控制、防止温度过高、在发生碰撞的情况下关闭电源等功能。

现阶段电池包外壳多采用金属材料制成,要求在符合表 3-2 要求的电压条件下,电池包

表 3-2　绝缘电阻试验的电压等级

蓄电池包额定工作电压(单箱)U_i/V	绝缘电阻测试仪器的电压等级/V
$U_i \leqslant 60$	250
$60 < U_i \leqslant 300$	500
$300 < U_i \leqslant 750$	1 000

正极和负极与金属外壳之间的绝缘电阻应大于 10 MΩ。

　　动力电池在电动车辆上安装应用,因此,必须满足车辆部件的耐振动、耐冲击、耐跌落、耐烟雾等强度和可靠性要求,保证可靠应用。为满足防水、防尘要求,电池包应满足一定的 IP 防护等级,根据车辆的总体要求、一般的 IP 防护等级要求不低于 IP55。在极端工况下,通过电池安全管理系统应能实现电池包的高压断电保护、过电流断开保护、过放电保护、过充电保护等功能。

　　（一）烟雾报警

　　在车辆行驶过程中由于路况复杂及电池本身的工艺问题,可能由于过热、挤压和碰撞等原因导致电池出现冒烟或着火等极端恶劣的事故,若不能及时发现并得到有效处理,势必导致事故的进一步扩大,对周围电池、车辆以及车上人员构成威胁,严重影响车辆运行的安全性。为防患于未然,近年来烟雾检测被引入电池管理系统的监测中,并越来越受到重视。

　　烟雾传感器种类繁多,从检测原理上可以分为以下三大类。

　　(1)利用物理、化学性质的烟雾传感器,如半导体烟雾传感器、接触燃烧烟雾传感器等。

　　(2)利用物理性质的烟雾传感器,如热导烟雾传感器、光干涉烟雾传感器、红外传感器等。

　　(3)利用电化学性质的烟雾传感器,如电流型烟雾传感器、电势型气体传感器等。

　　由于烟雾的种类繁多,一种类型的烟雾传感器不可能检测所有的气体,通常只能检测某种或某两种特定性质的烟雾。例如,氧化物半导体烟雾传感器主要检测各种还原性烟雾,如 CO、H_2、C_2H_5OH、CH_3OH 等;固体电解质烟雾传感器主要用于检测无机烟雾,如 O_2、CO_2、H_2、Cl_2、SO_2 等。

　　在动力电池上应用,需要在了解电池燃烧产生的烟雾构成的基础上进行传感器的选择。一般电池燃烧产生大量的 CO 和 CO_2,因此,可以选择对这两种气体敏感的传感器。在传感器的结构上,需要适应于车辆长期应用的振动工况,防止由于路面灰尘、振动引起的传感器误动作。

　　1. 烟雾报警器组成

　　车载烟雾报警系统一般由一个报警主机和多个车载烟雾探测器组成,也可选配其他监控探头,如温度传感器、专用的有毒气体传感器等。报警主机内置大屏幕液晶显示屏,可直接显示各种数据,并可选大容量数据存储、CAN接口、语音报警等功能。车载烟雾探测器利用不同类型敏感器件采集火灾生成物,并通过主动空气采样技术,可将火灾生成物快速吸入探测器,加快监控系统的反应时间。

2. 烟雾报警器工作原理

动力电池管理系统中烟雾报警的报警装置应安装于驾驶人控制台,在接收到报警信号时,迅速发出声光报警和故障定位,保证驾驶人能够及时发现,能接收报警器发出的报警信号。

例如,以北京理工大学为主开发的奥运电动客车中应用的电池系统烟雾报警系统。报警传感器采用9V碱性或碳性电池供电,保证其24h都能正常工作。报警信号采用车上24V蓄电池电源,该路电源单独供应,保证了报警系统工作的独立性。分散的报警器通过内部的烟尘传感器检测烟尘浓度。当烟尘浓度未达到限量时,报警器内部控制器控制继电器输出为开路;当烟尘浓度超过限量时,报警器内部控制器控制继电器输出为短路,将+24V电源迅速引入显示板,与显示板上的−24V电源形成报警回路,发出声光报警信号。该系统结构如图3-30所示。

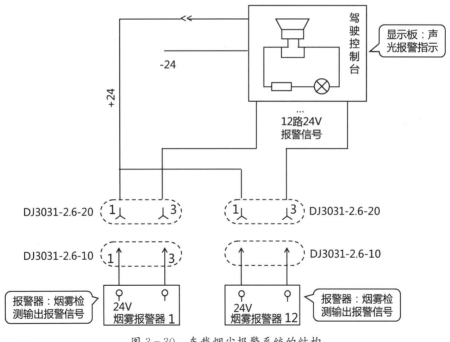

图3-30　车载烟尘报警系统的结构

(二)　绝缘检测

电动车辆动力电池系统电压常用的有288V、336V、384V以及544V等,已经大大超过了人体可以承受的安全电压,因此,电气绝缘性能是电安全管理重要的内容,绝缘性能的好坏不仅关系到电气设备和系统能否正常工作,更重要的是还关系到人的生命财产安全。

绝缘检测具体方法如下。

1. 漏电直测法

在直流系统中,这是一种最简单也是最实用的方法。将万用表置于电流挡,串联在电池组正极与设备外壳(或者地)之间,可检测到电池组负极对壳体之间的漏电流,同样也可以串联在负极与壳体之间检测电池组正极对壳体之间的漏电流。该方法简单易行,在现场故障检测、车辆例行检查中常用。

2. 电流传感法

霍尔式电流传感器是检测高压直流系统的一种常见装置。将电池系统的正极和负极动力总线一起同方向穿过电流传感器,当没有漏电流时,从正极流出的电流等于返回到电源负极的电流,因此,穿过电流传感器的电流为零,电流传感器输出电压为零。当发生漏电现象时,电流传感器的输出电压不为零。根据该电压的正负可以进一步判断该漏电电流是来自于电源正极还是负极。但是应用这种检测方法的前提是待测动力电池组必须处于工作状态,要有工作电流的流入和流出,它无法在系统空载的情况下评价电池系统对地的绝缘性能。

3. 绝缘电阻表测量法

用绝缘电阻表测量绝缘电阻的阻值,绝缘电阻表俗称兆欧表。绝缘电阻表大多采用手摇发电机供电,故又称摇表。它的刻度是以绝缘电阻为单位的,是电工常用的一种测量仪表。

上述 3 种方法,均为采用专有设备进行的漏电流、绝缘电阻测试方法,与电池管理系统集成存在一定的困难。在电池管理系统中常用的是电路测量方法,常用的直流电压绝缘测量原理如图 3-31 所示。

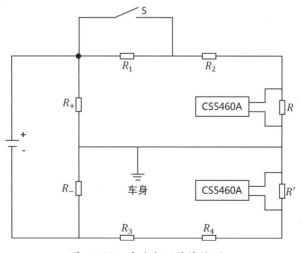

图 3-31　直流电压绝缘检测

在该原理框图中,R_1、R_2、R_3、R_4分别是大阻值电阻(如达到 5 000 Ω 以上),这样的大电阻保证了在测量期间绝缘等级不会人为下降。R_+和R_-分别是动力电池组正、负极对车体的绝缘电阻;R和R'是分压电阻,阻值小(如 200 Ω 左右),可以使 A/D 转换芯片在分压电阻上得到 mV 级的模拟信号。

当开关 S 为关断状态时,通过测量芯片,可以得到R_+和R_-两端的电压是多少,这样就可以得到如下方程:

$$\frac{V_1}{R_+} + \frac{V_1}{R_1 + R_2 + R} = \frac{V_2}{R_-} + \frac{V_2}{R_3 + R_4 + R'} \tag{3-8}$$

式中,V_1、V_2为当开关 S 断开时,正、负母线对地电压。同理,当开关 S 为闭合状态时,可以得到另一个方程:

$$\frac{V'_1}{R_+} + \frac{V'_1}{R_1 + R_2 + R} = \frac{V'_2}{R_-} + \frac{V'_2}{R_3 + R_4 + R'} \tag{3-9}$$

式中,V_1、V_2为 S 闭合时正、负母线对地电压。

由于串联电阻 R_1、R_2、R_3、R_4、R、R'阻值已知。联立式(3-8)、式(3-9)构成的方程组就可以解出R_+和R_-。

电池管理系统中使用的绝缘电阻测量方法还有平衡电桥法、高频信号注入法和辅助电源法等。随着动力电池的电压越来越高,应用越来越普及,电动汽车的绝缘安全问题显得愈发重要,各种绝缘监测的方法也不断地被研究人员设计、验证。

二、动力电池数据通信系统

数据通信是电池管理系统的重要组成部分之一。主要涉及电池管理系统内部主控板与检测板之间的通信、电池管理系统与车载主控制器、非车载充电机等设备间的通信等。在有参数设定功能的电池管理系统上,还有电池管理系统主控板与上位机的通信。CAN 通信方式是现阶段电池管理系统通信应用的主流,在国内外大量产业化的电动汽车电池管理系统以及国内外关于电池管理系统数据通信标准中均提倡采用该通信方式。RS232、RS485 总线等方式在电池管理系统内部通信中也有应用。

图 3-32 和图 3-33 分别为 BJ612307C4D 纯电动客车及其电池管理系统,该系统可实现单体电池电压检测、电池温度检测、电池组工作电流检测、绝缘电阻检测、冷却风机控制、充放电次数记录、电磁和 SOC 的估测等功能。其中,RS232 主要实现主控板与上位机或手持设备的通信,完成主控板、检测板各种参数的设定;RS485 主要实现主控板与检测板之间的通信,完成主控板电池数据、检测板参数的传输;CAN 通信分为 CAN1 和 CAN2 两路,CAN1 主要与车载主控制器通信,完成整车所需电池相关数据的传输;CAN2 主要与车载仪表、非车载充电机通信,实现电池数据的共享,并为充电控制提供数据依据。

图 3 - 32　BJ612307C4D 纯电动客车

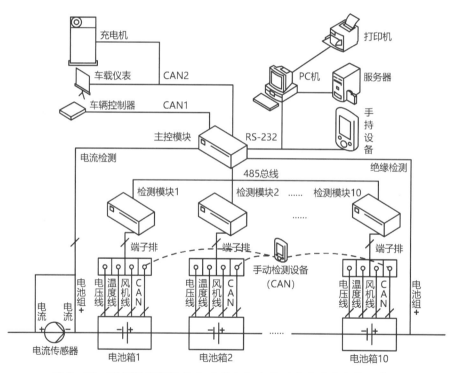

图 3 - 33　BJ612307C4D 纯电动客车电池管理系统通信方式示意图

　　在车载运行模式下电池管理系统的结构如图 3 - 34 所示。电池管理系统中央控制模块通过 CAN1 将实时的、必要的电池状态告知整车控制器以及电机控制器等设备，以便采用更佳的控制策略，既能有效地完成运行任务，又能延长电池使用寿命。同时，电池管理系统（中央控制模块）通过高速 CAN2 将电池组的详细参数告知车载监控系统，完成电池状态数据的显示和故障报警等功能，为电池的维护和更换提供依据。

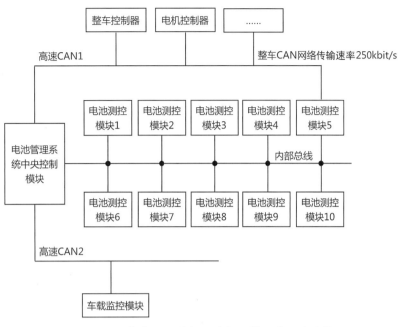

图 3-34　车载运行模式下的电池管理系统的结构

在应急充电模式下电池管理系统结构如图 3-35 所示。充电机实现与电动汽车物理连接。此时的车载高速 CAN2 加入充电机节点，其余不变。充电机通过高速 CAN2 了解电池的实时状态，调整充电策略，实现安全充电。

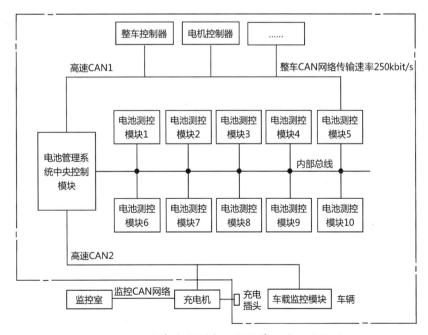

图 3-35　应急充电模式下电池管理系统结构图

本部分主要介绍了动力电池安全管理系统和动力电池数据通信系统的作用。

电池安全管理系统主要包括烟雾报警、绝缘检测、自动灭火、过电压和过电流控制、过放电控制,防止温度过高,在发生碰撞的情况下关闭电源等功能。其中最常用的是烟雾报警和绝缘检测。

数据通信是电池管理系统的重要组成部分之一。主要涉及电池管理系统内部主控板与检测板之间的通信,电池管理系统与车载主控制器、非车载充电机等设备间的通信等。

任务练习

一、判断题

1. 电池包应满足一定的 IP 防护等级。　　　　　　　　　　　　　　　　　　　　　(　　)

2. 在纯电动汽车中最常用的是接触燃烧烟雾传感器。　　　　　　　　　　　　　　(　　)

3. 报警传感器采用 9 V 碱性或碳性电池供电,保证其 24 h 都能正常工作。　　　　(　　)

4. 电动车辆动力电池系统电压常用的有 280 V。　　　　　　　　　　　　　　　　(　　)

二、选择题

1. 绝缘检测方法包括(　　)。【多选题】

　　A. 漏电直测法　　　　　　　　　　　　B. 电流传感法

　　C. 绝缘电阻表测量法　　　　　　　　　D. 电压检测法

2. 根据车辆的总体要求、一般的 IP 防护等级要求不低于(　　)。【单选题】

　　A. IP50　　　　　　　　　　　　　　　B. IP52

　　C. IP53　　　　　　　　　　　　　　　D. IP55

三、简答题

1. 结合本任务内容,查找相关材料剖析最常用的绝缘检测方法,并说出原因。

2. 以某一款电动汽车为案例,分析其动力电池数据通信过程。

项目概述

　　动力电池管理系统通过对电动汽车中电池组串联单体电池电压、电流等数据的采集、分析、决策,接口与充电机、PC 机、指示仪表等外部设备实现功能联动,实时对电池组工作状态进行检测,无论车辆在运行过程中还是在充电过程中都能够可靠地完成电池状态的实时监控和故障诊断,并通过 CAN 总线告知车辆主控制器,以便采用更加合理的控制策略,从而安全高效地使用电池并延长电池组使用寿命。本项目主要介绍目前常见的比亚迪 E5 的动力电池的结构及其应用。

任务 1　比亚迪 E5 动力电池及能量管理系统

任务目标

1. 了解比亚迪 E5 动力电池特征。
2. 掌握比亚迪 E5 动力电池组成。
2. 掌握比亚迪 E5 管理系统的组成及原理。

任务导入

刘叔叔想要一个续驶里程长且安全系数高的纯电动汽车,于是小文推荐了比亚迪 E5 纯电动汽车。那么你知道小文为什么要推荐比亚迪 E5 纯电动汽车吗? 请通过学习比亚迪 E5 动力电池及能量管理系统,判断他的推荐是否合适。

知识储备

动力电池及电池管理系统是电动汽车的核心部件之一,不仅向汽车中所有用电设备提供低压直流电源,使汽车各部分能正常工作,以保证汽车在行驶中和停车时的用电需要。同时,它的出现,使传统燃油汽车的机械控制系统和附件从发动机中分离,集成到一起,由电机直接驱动,提升了汽车动力效率,使车辆轻量化。但是不同的车型动力电池和电池管理系统也不完全相同,本任务将以比亚迪 E5 动力电池及能量管理系统为例,进行具体讲解。

一、比亚迪 E5 动力电池组成及特点

比亚迪 E5 纯电动汽车采用的是磷酸铁锂电池,一种用磷酸铁锂材料作为电池正极、石墨作为电池负极、聚乙烯或聚丙烯材料制成的隔膜板、有机溶剂和锂盐制作的对人体组织具有腐蚀性的锂离子电解质、金属材料密封外壳的锂离子电池。比亚迪 E5 的动力电池位于整车底板下面,如图 4 - 1 所示。

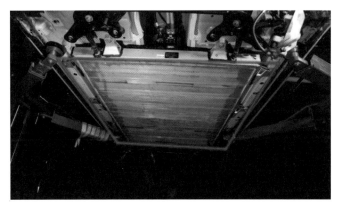

图 4-1　比亚迪 E5 动力电池位置

磷酸铁锂电池的单体电池标称电压是 3.2 V,充电终止时的最高电压为 3.6 V,最大放电的电压为 2.0 V。比亚迪 E5 的动力电池的额定电压约 633.6 V,额定容量 75 A·h,总电量 42.47 kW·h,能提供综合工况下 250~300 km 的续驶里程,其具体参数见表 4-1。

表 4-1　比亚迪 E5 动力电池参数

碳酸铁锂电池	参数
电池包容量	75 A·h
额定电压	633.6 V(以实车为准)
储存温度	−40~40℃,短期储存(3 个月) 20%≤SOC≤40% −20~35℃,长期储存(<1 年) 30%≤SOC≤40%
质量	≤490 kg

(一) 比亚迪 E5 动力电池组成

比亚迪 E5 动力电池也是由动力电池组、动力电池箱体、动力电池辅助装置和高压维修开关构成,如图 4-2 所示。

1. 动力电池组

比亚迪 E5 的动力电池组由 13 个电池模组串联组成,动力电池的高压接口在 1 号电池模组负极、13 号电池模组正极;1 号、2 号、11 号、12 号、13 号电池模组在动力电池前端;3 号电池模组在动力电池中端,4 号、5 号、6 号、7 号、8 号、9 号、10 号电池模组在动力电池后端,如图 4-3 所示。

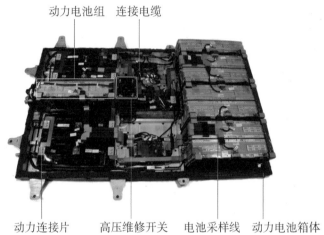

动力电池组　连接电缆

动力连接片　高压维修开关　电池采样线　动力电池箱体

图 4 - 2　比亚迪 E5 动力电池组成

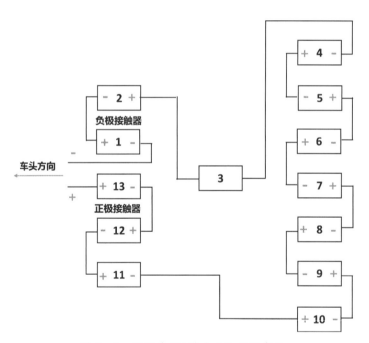

图 4 - 3　比亚迪 E5 动力电池组的布置

2. 动力电池箱体

比亚迪 E5 动力电池的动力电池箱同样是由动力电池箱密封盖(上盖)和下托盘组成,它可以切断动力电池内部的高压电路,具有承载和保护动力电池组及内部电气元件的作用。

3. 动力电池辅助装置

比亚迪 E5 动力电池的辅助装置主要有动力连接片、连接电缆、密封条和电池管理系统的电池采样线，如图 4-4 所示。电池采样线是电池管理系统的信息采集装置，它可以采集动力电池的状态信息；动力连接片和连接电缆是动力电池内部的动力电池模块和动力电子模组之间的连接元件，主要将动力电池组内的电池模块和电池模组串联或并联组成动力电池组；密封条是动力电池的内部密封装置，可以密封动力电池箱托盘和密封盖。

连接电缆

密封条　　动力连接片　电池采样线

图 4-4　比亚迪 E5 动力电池辅助装置

4. 高压维修开关

比亚迪 E5 的高压维修开关位于中控台储物箱下部动力电池的上面，如图 4-5 所示，其用于切断动力电池内部的高压电路，防止发生触电事故，驾驶人一般接触不到，仅供专业人员检修时使用。

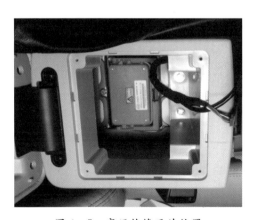

图 4-5　高压维修开关位置

（二）比亚迪 E5 动力电池特征

比亚迪 E5 动力电池通过几十个螺栓加密封胶以机械方式与托盘连接在一起，其最重要的外部特征是动力电池组上带有一个 2 芯高电压接口，动力电池组通过该接口与高电压车载网络连接，如图 4-6 所示。

图 4-6　2 芯高压接口

二、比亚迪 E5 电池管理系统

比亚迪 E5 的电池管理系统采用的是分布式电池管理系统，主要由 1 个电池管理控制器（BMC）、13 个电池信息采集器和 1 套电池采样线构成，如图 4-7 所示。电池管理控制器的主要功能有充放电管理、接触器控制、功率控制、电池异常状态报警和保护、SOC/SOH 计算、自检以及通信功能等；电池信息采集器的主要功能有电池电压采样、温度采样、电池均衡、采样线异常检测等；动力电池采样线的主要功能是连接电池管理控制器和电池信息采集器，实现二者之间的通信及信息交换。

图 4-7　电池管理系统构成

比亚迪 E5 纯电动汽车动力电池管理器作为监控动力电池组、保证电池组正常工作的监控单元,其位于前机舱内高压电控后部,如图 4-8 所示。电池管理控制器如图 4-9 所示,它的目的是保证每节串联电池的电压、电流、温度数据等各项性能指标一致。

图 4-8　电池管理控制器位置

图 4-9　电池管理控制器

比亚迪 E5 动力电池拆装

◆ **实训准备**

1. 安全操作规范

（1）拆装动力电池时需关闭点火开关，车辆处于非起动状态。

（2）车辆正在充电时不得拆装动力电池。

（3）拆装动力电池前需佩戴防护装备。

（4）拆装动力电池前需要断开高压维修开关。

2. 实操工具准备

（1）设备准备：2018 款比亚迪 E5 纯电动汽车、举升机、承重为 1 000 kg 升降平台和冷却液回收器，如图 4-10 所示。

（a）2018 款比亚迪 E5 纯电动汽车　　　　（b）举升机

（c）冷却液回收器　　　　（d）升降平台

图 4-10　拆装设备

（2）工具准备：

① 常用工具：世达 100 件工具套装，如图 4-11(a)所示。

② 绝缘工具：世达 68 件绝缘工具套件，如图 4-11(b)所示。

③ 防护装备：车外三件套、车内三件套。

 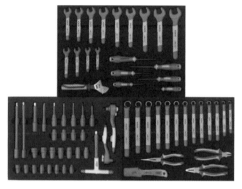

（a）世达 100 件工具套装　　　　　（b）世达 68 件绝缘工具套件

图 4-11　拆装工具

（3）个人防护：工作服、手套、高压绝缘手套。

◆ **实训步骤**

参考资源

比亚迪 E5 动力电池拆装

前期准备　　　　拆卸动力电池　　　　安装动力电池　　　　归位整理
　　　　　　　　　总成　　　　　　　　总成

1. 前期准备

（1）穿好防护装备：

穿好工作服和工作手套。

（2）车辆防护：

① 目测车辆正确停至工位。

② 进入车内安装车内防护三件套，如图 4-12 所示。

图 4-12　安装车内防护三件套

图 4-13　放置举升机顶脚

③ 放置举升机顶脚,并调整举升位置,如图 4-13 所示。

④ 拉起前机舱盖手柄,打开前机舱盖,安装车外防护三件套,如图 4-14 所示。

图 4-14　安装车外防护三件套

2. 拆卸动力电池总成

(1) 车辆高压断电:

① 打开低压蓄电池负极电缆保护盖,拆下负极电缆,使用绝缘胶带进行绝缘处理,如图 4-15 所示。

② 进入车内,拆卸中控储物格固定螺栓,如图 4-16 所示。

图 4-15　拆卸负极电缆

图 4-16　储物格固定螺栓位置

③ 拆卸中控储物格线束插接器,如图 4-17 所示。拆卸高压维修开关,等待 5 min 以上,如图 4-18 所示。

图 4-17　拔下中控储物格线束插接器

图 4-18　高压维修开关

(2) 拆卸动力电池相关连接件:

① 拧开动力电池冷却液储液壶盖,如图 4-19 所示。

② 举升车辆至合适位置,锁止举升机。

③ 将废液回收器放置到合适位置,如图 4-20 所示。

图 4-19　拧开动力电池冷却液储液壶盖

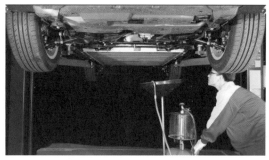

图 4-20　废液回收器放置位置

④ 按压冷却进水管紧固锁舌,拆卸冷却进水管,排放冷却液。之后以同样方法拆卸冷却出水管,如图 4-21 所示。

图 4-21　拆卸冷却进水管

⑤ 解除动力电池控制低压插接器锁紧保险,断开低压插接器,如图 4 - 22 所示。

⑥ 解除动力电池输出高压电缆母线插接器锁紧保险,断开高压电缆母线,如图 4 - 23 所示。

图 4 - 22　低压插接器位置　　　　　　图 4 - 23　断开高压电缆母线

断开动力电池高压电缆母线后,需要使用万用表测量动力电池残余电压值,测量值应小于 1 V,若存在电压值则需静置 10 min 后继续检测。

(3) 拆卸动力电池:

① 将移动升降平板车推至合适位置,升起平板至其接触动力电池下部,如图 4 - 24 所示。

② 使用 13 mm 套筒、接杆、指针式扭力扳手组合工具,预松动力电池托架 10 颗固定螺栓,如图 4 - 25 所示。

图 4 - 24　升起平板接触动力电池下部　　　图 4 - 25　预松动力电池托架 10 颗固定螺栓

③ 使用 13 mm 套筒、接杆、棘轮扳手组合工具，拧松并取下动力电池托架 10 颗固定螺栓，如图 4-26 所示。

④ 操作泄压把手，缓慢降低平板高度，将动力电池与车辆分离，如图 4-27 所示。

图 4-26　取下动力电池托架 10 颗固定螺栓

图 4-27　分离动力电池与车辆

注意事项

需控制平板下降速度，在此过程中密切注意动力电池情况，若存在连接附件未分离妥当等情况，需及时停止下降，并立即处理。

⑤ 将平板降低至合适位置后，推离车辆底部，并妥善安置。

3. 安装动力电池总成

（1）安装动力电池：

① 将放置动力电池的移动升降平板车推至车辆底部合适位置。

② 缓慢升起平板，至动力电池贴合车辆，如图 4-28 所示。

图 4-28　升起平板

注意事项

需缓慢上升,并拽出插接器和管路以防止被夹在动力电池和车身之间。

③ 对齐螺纹孔,用手拧入动力电池托架固定螺栓,如图 4-29 所示。

④ 使用 13 mm 套筒、接杆、棘轮扳手组合工具拧紧动力电池托架固定螺栓。

⑤ 使用定扭扳手紧固动力电池托架固定螺栓至 135 N·m。

（2）安装动力电池相关连接件：

① 安装动力电池低压插接器,并锁止保险锁舌,如图 4-30 所示。

图 4-29　用手拧入动力电池托架固定螺栓

② 安装动力电池高压电缆母线插接器,并锁止保险锁舌,如图 4-31 所示。

图 4-30　锁止低压插接器保险锁舌

图 4-31　检查电池高压电缆母线插接器

注意事项

需确保高压电缆母线插接器安装到位,并在锁止保险锁舌后晃动电缆,确保电缆安装牢固。

③ 清洁动力电池冷却出水口及水管接头,安装出水口水管,晃动出水口水管,检查其安装牢固程度,如图 4-32 所示。

④ 以同样方法安装动力电池冷却进水口水管。

⑤ 降低车辆至合适位置。

⑥ 安装高压维修开关,装复中控储物格线束插接器。

⑦ 加注动力电池冷却系统冷却液至 MAX 位置,如图 4 - 33 所示。

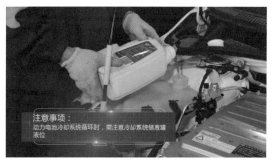

图 4 - 32　清洁动力电池冷却出水口及水管接头　图 4 - 33　加注动力电池冷却系统冷却液至 MAX 位置

⑧ 安装动力电池负极电缆并紧固。

⑨ 驱动车辆,等待动力电池冷却系统自动运行。

注意事项

动力电池冷却系统循环时,需注意冷却系统储液罐液位,若液位降低则需要及时添加,以保证液位始终位于 MAX 和 MIN 之间。

4. 整理归位

（1）取下车内三件套。

（2）回收车外三件套。

（3）关闭前机舱盖,起动车辆检查车辆情况,按照 7S 管理标准,整理工具和清扫场地。

任务小结

本部分主要介绍了比亚迪 E5 动力电池的特点、组成及比亚迪 E5 动力电池管理系统的特点和作用。

比亚迪 E5 动力电池也是由动力电池组、动力电池箱体、动力电池辅助装置和高压维修开关构成。

比亚迪 E5 动力电池最重要的外部特征是动力电池组上带有一个 2 芯高电压接口,动力电池组通过该接口与高电压车载网络连接。

比亚迪 E5 的电池管理系统采用的是分布式电池管理系统,主要由 1 个电池管理控制器(BMC)、13 个电池信息采集器和 1 套电池采样线构成。电池管理控制器的主要功能有充放电管理、接触器控制、功率控制、电池异常状态报警和保护、SOC/SOH 计算、自检以及通信功能等。

 任务练习

一、判断题

1. 比亚迪 E5 纯电动汽车动力电池管理器位于前机舱内高压电控后部。   (   )

2. 比亚迪 E5 的动力电池由 10 个电池模块串联组成。   (   )

3. 比亚迪 E5 的动力电池采用水冷方式,并且它有一套独立的冷却方式。   (   )

4. 比亚迪 E5 低压铁电池是起动型铁电池。   (   )

二、选择题

1. 比亚迪 E5 纯电动汽车中动力电池采用的是(   )。【单选题】

    A. 锂镍钴铝   B. 铅酸蓄电池

    C. 磷酸铁锂   D. 锂锰尖晶石

2. 比亚迪 E5 的动力电池的额定电压约_____,额定容量_____。(   )【单选题】

    A. 633.6 V/75 A·h   B. 630.6 V/75 A·h

    C. 633.6 V/70 A·h   D. 630.6 V/70 A·h

3. 比亚迪 E5 的动力电池由_____个电池模块_____组成。(   )【单选题】

    A. 13/并联   B. 10/并联

    C. 10/串联   D. 13/串联

4. 比亚迪 E5 的电池管理系统采用的是分布式电池管理系统,主要由(   )构成。【多选题】

    A. 1 个电池管理控制器   B. 13 个电池信息采集器

    C. 1 套电池采样线   D. 整车控制器

三、简答题

1. 结合所学知识,分析比亚迪 E5 动力电池优劣势。

2. 结合所学知识,分析比亚迪 E5 动力电池管理系统优劣势。

任务 2 丰田普锐斯动力电池及能量管理系统

1. 了解丰田普锐斯动力电池及管理系统特点。
2. 掌握丰田普锐斯动力电池组成。
3. 掌握丰田普锐斯管理系统的组成及原理。

任女士想买一辆混合动力汽车,但是自己对混合动力汽车的品牌不了解,于是找到就读于某职业院校新能源汽车技术专业的侄子小文,让小文帮她出主意。小文根据任女士一个续驶里程长、安全系数高且性比价高的要求,推荐了丰田普锐斯混合动力汽车。那么你知道小文为什么要推荐丰田普锐斯混合动力汽车吗?请通过学习丰田普锐斯动力电池及能量管理系统相关知识,判断他的推荐是否合适。

知识储备

丰田普锐斯有两个蓄电池,分别是 HV 蓄电池和低压辅助蓄电池,如图 4-34 所示。丰

图 4-34 HV 蓄电池安装位置

田普锐斯混合动力系统的 HV 蓄电池采用密封型镍氢电池,HV 蓄电池位于行李舱内后排座位下。HV 蓄电池具有能量高、质量小、配合 THS-Ⅱ 系统特性使用时间较长等特点。车辆正常工作时,由于 THS-Ⅱ 系统通过充电/放电来保持 HV 蓄电池 SOC(荷电状态)为恒定数值,因此车辆不依赖外部设备充电。

一、丰田普锐斯 HV 蓄电池组成及特点

HV 蓄电池是 HV 电力能源,作为发动机之外的电驱动力源,是提高整车的动力性能或作为电机驱动车辆时的电力能源。

HV 蓄电池主要由镍氢电池、检修塞、HV 接线盒、HV 蓄电池控制单元(HV 蓄电池 ECU 及传感器)等组成,如图 4-35 所示。

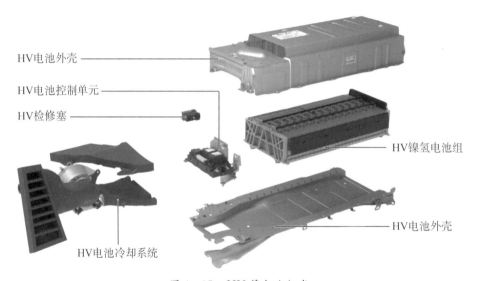

HV电池外壳

HV电池控制单元

HV检修塞

HV镍氢电池组

HV电池外壳

HV电池冷却系统

图 4-35　HV 蓄电池组成

1. HV 镍氢电池

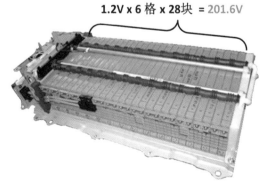

1.2V x 6 格 x 28块 = 201.6V

图 4-36　HV 镍氢电池组成

HV 镍氢电池中每个模块由 6 个串联的 1.2 V 电池组成,用 28 个模块串联成 201.6 V 的高压电池,如图 4-36 所示。它属于高压部件,因此在维修过程中需特别注意。第三代丰田普锐斯混合动力汽车中,动力系统通过自身的充放电功能来保持 HV 镍氢电池电量为恒定值,因此车辆不需要外部设备来充电。HV 镍氢电池是一种碱性电池,低温性能较好,能

够长时间存放。

2. 高压维修塞

HV 蓄电池上的检修塞用于切断高压电源,高压电路的主熔断器位于检修塞总成内部,在对车辆 HV 动力系统进行检查或维修时应拆下检修塞,以切断 HV 蓄电池的高压电路。

HV 蓄电池外壳有锁止器,只能用检修塞解锁,当它处于锁止状态时,HV 蓄电池无法拆卸,如图 4-37 所示。

图 4-37　检修塞及电池外壳锁止器

在拆下检修塞前,应先关闭点火开关,将钥匙移到智能系统探测范围外,断开辅助蓄电池负极端子,戴上绝缘手套防止电击,如图 4-38 所示。HV 检修塞包含互锁的导线开关,检修时将卡箍翻起,关闭导线开关,进而切断主继电器(SMR)。

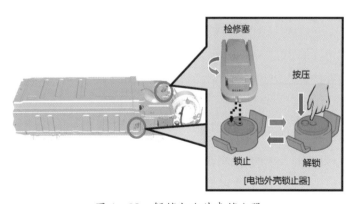

图 4-38　解锁电池外壳锁止器

3. HV 接线盒

如图 4-39 所示,HV 接线盒主要由 3 个系统主继电器(SMR)组成。为防止电路电压过高并保证电路切断的可靠性,SMR 根据 HV 蓄电池 ECU 的信号,接通或断开高压电路。但不可从接线盒总成中拆卸系统主继电器。

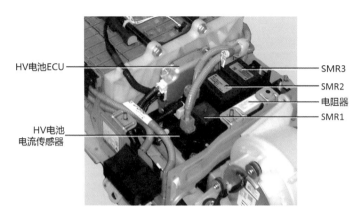

图 4-39　HV 接线盒组成

当起动车辆时,电源开关打开,电路接通时 SMR1 和 SMR3 开始工作,由于 SMR1 电路中接入电阻器,可以控制接通电路时的电流;之后,SMR2 工作而 SMR1 关闭,如图 4-40 所示。这样可以使 SMR2 电路中的触点受到保护,避免受到强电流造成的伤害。

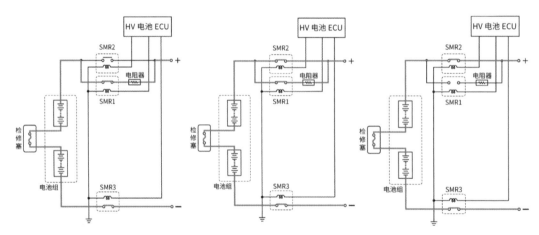

图 4-40　HV 接线盒工作过程-电源开关打开

当车辆熄火时,电源开关关闭,电路断开时 SMR2 和 SMR3 相继关闭,如图 4-41 所示。然后,HV 蓄电池 ECU 确认各个继电器是否已经关闭。这样,HV 蓄电池 ECU 可确定 SMR2 是否卡住。

4. HV 蓄电池冷却系统

HV 蓄电池在重复充放电过程中会散发热量,为了保证其正常工作温度,专门设置了一套 HV 蓄电池冷却系统。HV 蓄电池冷却系统主要由 HV 蓄电池冷却鼓风机、进气通道、排气通道等组成,如图 4-42 所示。

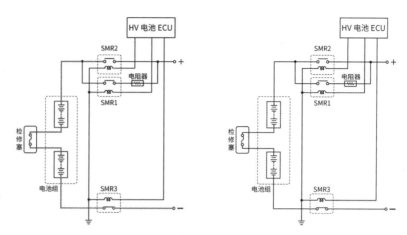

图 4-41　IIV 接线盒工作过程-电源开关关闭

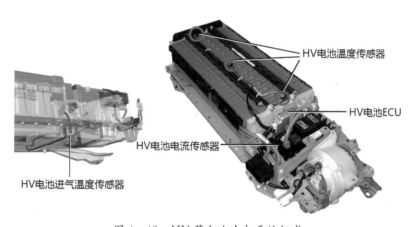

图 4-42　HV 蓄电池冷却系统组成

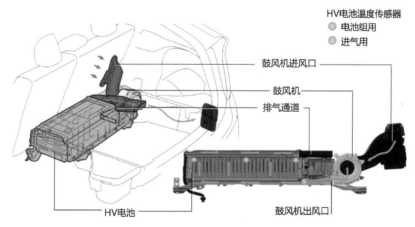

图 4-43　HV 电池冷却系统组成

HV 蓄电池温度传感器随时检测 HV 蓄电池及进气口的温度,若温度升高到一定值, HV 蓄电池 ECU 通过控制 HV 蓄电池冷却鼓风机来进行散热,直到温度下降至规定值,从而使电池组的温度始终保持在正常的范围内。

行李舱右侧的鼓风机通过后排座椅右侧的进气口吸出车内空气,从 HV 蓄电池底部右侧进入的空气从下到上流经 HV 蓄电池模块并将其加以冷却。然后,空气经排气管道最终排出车外,如图 4-43 所示。

二、丰田普锐斯电池管理系统组成及特点

丰田普锐斯动力电池管理器作为监控动力电池组、保证电池组正常工作的监控单元,其位于行李舱内动力电池斜上方。

丰田普锐斯的电池管理系统主要由电池管理器、正极继电器、负极继电器、预充电阻、预充继电器、电压传感器、电流传感器、温度传感器组成,如图 4-44 所示。电池管理器的功能是通过温度传感器来实现监测控制 HV 蓄电池温度的;预充电阻和预充继电器外接输出高压线,线上接有电压传感器和电流传感器,用来实现 SOC/SOH 的计算;预充电阻和预充继电器负责控制充电电压,保持电压稳定让电池正常充电。

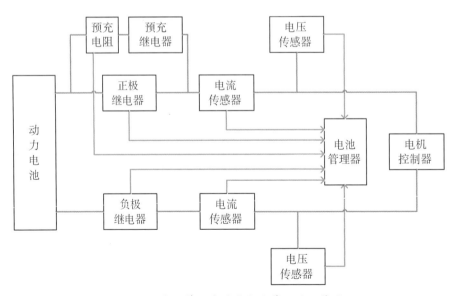

图 4-44 丰田普锐车动力电池管理器工作原理

丰田普锐斯动力电池拆装

◆ **实训准备**

1. 安全操作规范

(1) 动力电池拆装任务的实施,先要按照安全操作规范进行高压系统断电、验电等工作。

(2) 要严格按照安全规范,切断高压维修开关。

(3) 进行高压部件操作时,一定要使用绝缘工具。

(4) 严禁违规使用绝缘工具、仪器仪表,注意轻拿轻放,有序操作。

(5) 严格遵守实训规程,按照指导手册、实训指导书、维修手册等资料要求完成实训操作。

2. 实操工具准备

(1) 设备准备:2015 款丰田普锐斯混合动力汽车、举升机、承重为 1 000 kg 升降平台、冷却液回收器,如图 4 - 45 所示。

(a) 2015 款丰田普锐斯混合动力汽车

(b) 举升机

(c) 冷却液回收器

(d) 升降平台

图 4 - 45　拆装设备

（2）工具准备：

① 常用工具：世达 100 件工具套装，如图 4-46(a)所示。

② 绝缘工具：世达 68 件绝缘工具套件，如图 4-46(b)所示。

③ 防护装备：车外三件套、车内三件套。

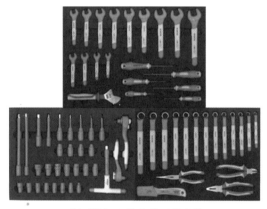

（a）世达 100 件工具套装　　　　　（b）世达 68 件绝缘工具套件

图 4-46　拆装工具

（3）个人防护：工作服、手套、高压绝缘手套。

◆　实训步骤

参考资源

丰田普锐斯动力电池拆装

前期准备　　拆卸 HV 蓄电池　　拆卸 HV 蓄电池　　安装 HV 蓄电池　　安装 HV 蓄电池　　整理工位
　　　　　　外围饰件　　　　　　　　　　　　　　　　　　　　　外围饰件

1. 前期准备

（1）穿好防护装备：

穿好工作服和工作手套。

（2）车辆防护：

① 目测车辆正确停至工位。

② 进入车内安装车内防护三件套。

③ 放置举升机顶脚,并调整举升位置。

④ 拉起前机舱盖手柄,打开前机舱盖,安装车外防护三件套。

2. 拆卸 HV 蓄电池外围饰件

(1) 拆卸维修塞:

① 打开行李舱盖,拆卸后地板 3 号板,如图 4-47 所示。

② 按压锁扣,拆下辅助蓄电池装饰板,如图 4-48 所示。

图 4-47　拆卸后地板 3 号板　　　　图 4-48　拆下辅助蓄电池装饰板

③ 选定扳手拧松负极电缆固定螺栓,拆卸蓄电池负极电缆,如图 4-49 所示。

　➤ 断开并重新连接电缆后,某些系统需要初始化。

④ 向外拉出维修塞把手保险后,拆卸维修塞把手,并保管妥当,如图 4-50 所示。

图 4-49　拆卸蓄电池负极电缆　　　　图 4-50　拆卸维修塞把手

注意事项

> 在检查或维修高压系统之前，务必戴好绝缘手套、工作鞋及护目镜。

> 将拆下的维修塞装在自己的口袋里，以防止其他技师在您维修车辆时将其意外重新连接。

> 拆卸维修塞把手后，在接触任何高压连接器和端子前，至少需要等待 10 min，使逆变器内部的高压电容放电完毕。

（2）拆卸逆变器盖：

① 选用套筒、接杆及棘轮扳手拧松逆变器盖 9 颗固定螺栓，如图 4-51 所示。

② 选用套筒、短接杆旋出固定螺栓。

③ 取下固定螺栓，如图 4-52 所示。

图 4-51　拧松逆变器盖 9 颗固定螺栓　　　　图 4-52　取下固定螺栓

④ 取下逆变器盖，如图 4-53 所示。

⑤ 使用胶布密封逆变器，防止零件掉入逆变器内部，如图 4-54 所示。

图 4-53　取下逆变器盖　　　　　　图 4-54　使用胶布密封逆变器

**注意事项**

▷ 在进行后续拆装之前,应先进行验电,使用万用表红黑表笔分别连接逆变器高压输出的两个端子电压值,标准电压值应为 0 V。若测量值与标准值不符,则需停止操作,待 5~10 min 后再次测量电压值。

(3) 拆卸后排内饰:

① 剖开后排座椅垫左右两个卡扣,如图 4-55 所示。

② 拆卸后地板 1 号板分总成,如图 4-56 所示。

图 4-55 剖开后排座椅垫卡扣

图 4-56 拆卸后地板 1 号板分总成

③ 以同样方法拆卸后地板 2 号板分总成,如图 4-57 所示。

④ 选用套筒、旋转手柄、棘轮扳手拆卸后地板 1 号板固定螺栓,并取下,如图 4-58 所示。

图 4-57 拆卸后地板 2 号板分总成

图 4-58 拆卸后地板 1 号板固定螺栓

⑤ 松动卡扣,取下后地板,如图 4-59 所示。

图 4-59　取下后地板

3. 拆卸 HV 蓄电池

（1）拆卸混合动力 HV 蓄电池上盖分总成：

① 选用一字螺丝刀拆卸卡扣，如图 4-60 所示。

② 松脱 1 号混合 HV 蓄电池排气管固定卡扣，如图 4-61 所示。

图 4-60　拆卸卡扣

图 4-61　松脱排气管固定卡扣

③ 取下 1 号排气管，如图 4-62 所示。

④ 拆卸后地板隔垫，如图 4-63 所示。

图 4-62　排气管位置

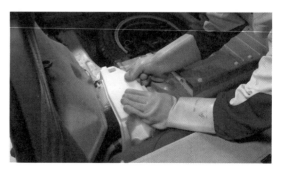

图 4-63　拆卸后地板隔垫

（2）拆卸 HV 蓄电池冷却鼓风机总成：

① 按压锁舌，断开电子钥匙振荡器连接线束，如图 4-64 所示。

② 断开混合动力 HV 蓄电池连接线束，如图 4-65 所示。

图 4-64　断开电子钥匙振荡器连接线束

图 4-65　断开混合动力 HV 蓄电池连接线束

③ 断开混合动力 HV 蓄电池冷却鼓风机线束，如图 4-66 所示。

④ 选用头部缠有黑胶带的一字螺丝刀，松脱 1 号混合动力 HV 蓄电池进气管卡扣，如图 4-67 所示。

图 4-66　断开冷却鼓风机线束

图 4-67　1 号进气管卡扣位置

⑤ 分离 1 号进气管并取下固定卡扣，如图 4-68 所示。

⑥ 选用套筒、接杆及棘轮扳手拧松线束稳定架固定螺栓，如图 4-69 所示。

图 4-68　取下固定卡扣

图 4-69　拧松线束稳定架固定螺栓

⑦ 选用套筒、短接杆旋出固定螺栓，取出固定螺栓，如图4-70所示。

⑧ 选用套筒、棘轮扳手拧松混合动力HV蓄电池冷却鼓风机3颗固定螺栓，如图4-71所示。

图4-70　取出固定螺栓

图4-71　拧松冷却鼓风机固定螺栓

⑨ 选用套筒、短接杆旋出固定螺栓，取出固定螺栓，如图4-72所示。

⑩ 取下HV蓄电池冷却鼓风机总成，如图4-73所示。

图4-72　取出固定螺栓

图4-73　取下混合动力HV蓄电池冷却鼓风机总成

（3）断开HV蓄电池连接部件：

① 使用缠有黑胶带的一字螺丝刀拆卸卡扣，如图4-74所示。

② 选用套筒、接杆及棘轮扳手拧松HV蓄电池上盖右侧分总成的固定螺母，如图4-75所示。

图4-74　拆卸卡扣

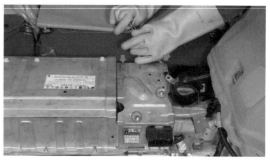

图4-75　拧松HV蓄电池上盖右侧分总成的固定螺母

③ 选用套筒、短接杆旋出固定螺母，用手取下固定螺母，如图 4 - 76 所示。

④ 取下 HV 蓄电池上盖分总成，如图 4 - 77 所示。

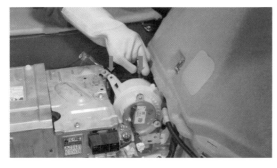 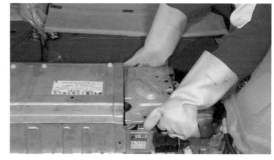

图 4 - 76　拧松 HV 蓄电池上盖右侧分总成的固定螺母　　　图 4 - 77　取下混合动力蓄电池上盖分总成

⑤ 选用套筒、接杆及棘轮扳手拧松线束组两颗固定螺母，如图 4 - 78 所示。

⑥ 选用套筒、短接杆旋出固定螺母，如图 4 - 79 所示。

图 4 - 78　拧松线束组两颗固定螺母　　　　　　图 4 - 79　旋出固定螺母

⑦ 用手取下固定螺母，如图 4 - 80 所示。

⑧ 断开电缆并用黑胶布包裹，如图 4 - 81 所示。

图 4 - 80　取下固定螺母　　　　　　　　图 4 - 81　黑胶布绝缘包裹电缆

注意事项

➤ 断开或暴露高压连接器之后,要立即使用绝缘胶带将其绝缘。

(4) 拆卸 HV 蓄电池:

① 选用套筒、棘轮扳手对角拧松 HV 蓄电池固定螺栓,如图 4-82 所示。

② 选用套筒、短接杆旋出固定螺栓,如图 4-83 所示。

图 4-82　拧松混合动力 HV 蓄电池固定螺栓

图 4-83　旋出固定螺栓

③ 用手依次取下固定螺栓,如图 4-84 所示。

④ 小心抬起 HV 蓄电池,取下 HV 蓄电池,如图 4-85 所示。

图 4-84　取下固定螺母

图 4-85　抬起混合动力 HV 蓄电池

4. 安装 HV 蓄电池

(1) 安装 HV 蓄电池:

① 将 HV 蓄电池安装到位。

② 对准其安装孔旋入固定螺栓。

③ 使用套筒、短接杆旋紧固定螺栓。

④ 选用套筒、接杆及扭力扳手旋紧固定螺栓,并将螺栓紧固至规定扭矩,标准扭矩19 N·m。

(2) 安装 HV 蓄电池连接部件:

① 拆卸正极电缆上的黑胶带。

② 将正极电缆安装到混合动力接线盒总成上,旋入固定螺母。

③ 以同样的方法安装负极电缆。

④ 选用套筒、短接杆旋紧固定螺母,如图 4-86 所示。

图 4-86　旋紧正负极电缆固定螺母

⑤ 选用套筒、接杆及扭力扳手紧固固定螺母至规定力矩,标准扭矩 9 N·m。

注意事项

➢ 将高压端子的螺栓和螺母紧固至规定扭矩,扭矩过大和不足均可能导致故障。

⑥ 安装 HV 蓄电池上盖右侧分总成,旋入 4 颗固定螺母。

⑦ 选用 8 mm 套筒、旋转手柄旋紧固定螺母,如图 4-87 所示。

图 4-87　旋紧 HV 蓄电池上盖右侧分总成固定螺母

⑧ 选用套筒、接杆及棘轮扳手旋紧固定螺母,并旋至规定力矩,标准扭矩 7.5 N·m。

(3) 安装 HV 蓄电池冷却鼓风机:

① 将蓄电池冷却鼓风机安装到位。

② 将 1 号混合动力 HV 蓄电池进气管安装到鼓风机上。

③ 安装鼓风机固定螺栓。

④ 旋紧鼓风机螺栓。

⑤ 选用套筒、接杆及扭力扳手紧固固定螺母至规定力矩,标准力矩 7.5 N·m。

⑥ 安装鼓风机外部附件固定卡扣,如图 4-88 所示。

⑦ 旋入线束固定螺栓,如图 4-89 所示。

图 4-88　安装鼓风机外部附件固定卡扣

图 4-89　旋入线束固定螺栓

⑧ 选用套筒、接杆及扭力扳手紧固固定螺母至规定力矩,标准力矩 7.5 N·m。

⑨ 固定鼓风机线束,如图 4-90 所示。

⑩ 连接 HV 蓄电池连接线束。

⑪ 连接 HV 蓄电池冷却鼓风机线束。

⑫ 连接电子钥匙振荡器连接线束,如图 4-91 所示。

图 4-90　固定鼓风机线束

图 4-91　HV 蓄电池连接线束、冷却鼓风机线束
以及电子钥匙振荡器连接线束位置

⑬ 对齐安装孔,将后地板隔垫安装到位。

⑭ 安装1号HV蓄电池排气管。

⑮ 安装固定卡扣,确认安装可靠。

5. 安装HV电池外围饰件

(1) 安装后排内饰:

① 安装后地板1号板,确保各卡扣锁止可靠。

② 旋入后地板1号板固定螺栓。

③ 选用套筒、接杆及棘轮扳手旋紧固定螺栓并确保紧固可靠。

④ 对齐卡扣将后地板1号板分总成安装到位。

⑤ 对齐卡扣安装后地板2号板分总成。

⑥ 安装左后座椅装饰棉。

⑦ 安装右后座椅装饰棉。

⑧ 复原左后座椅靠垫。

⑨ 复原右后座椅靠垫。

(2) 安装逆变器盖:

① 揭开逆变器上的胶布。

② 将逆变器盖安装到位,如图4-92所示。

图4-92 逆变器盖安装对齐参考位置

③ 选用套筒、短接杆旋入固定螺栓。

④ 选用套筒、短接杆旋紧固定螺栓。

⑤ 选用套筒、接杆及棘轮扳手旋紧固定螺栓至规定力矩,标准力矩11N·m。

(3) 安装维修塞把手:

① 安装维修塞把手,待维修塞把手安装到位后推入保险,确保维修塞把手安装可靠,如图4-93所示。

图 4 - 93　安装维修塞把手

② 安装辅助蓄电池负极电缆。

③ 选用扳手紧固固定螺栓。

④ 安装蓄电池装饰板。

⑤ 安装后地板 3 号板。

6. 整理工位

（1）拆卸车内四件套。

（2）拆卸车外三件套。

（3）收起发动机机舱盖支撑杆，关闭发动机机舱盖。

 任务小结

本部分主要介绍了丰田普锐斯动力电池的组成、特点及丰田普锐斯管理系统的组成与特点。

丰田普锐斯动力电池一般称之为 HV 蓄电池，主要由镍氢电池、检修塞、HV 接线盒、HV 蓄电池控制单元(HV 蓄电池 ECU 及传感器)等组成。HV 蓄电池在重复充放电过程中会散发热量，为了保证其正常工作温度，专门设置了一套 HV 蓄电池冷却系统。

丰田普锐斯动力电池管理器作为监控动力电池组、保证电池组正常工作的监控单元，其位于行李舱内动力电池斜上方。

 任务练习

一、 判断题

1. 丰田普锐斯汽车选用的是铅酸蓄电池。　　　　　　　　　　　　　　　（　　）

2. 丰田普锐斯汽车的动力电池设有专门冷却系统。　　　　　　　　　　　（　　）

3. HV 接线盒主要由 3 个系统主继电器(SMR)组成。　　　　　　　　　　（　　）

4. 装有起停系统的丰田普锐斯混合动力汽车还配有备用蓄电池，其作用是给前照灯、音响和其他附件及所有 ECU 供电。　　　　　　　　　　　　　　　　　　　　（　　）

二、 选择题

1. 丰田普锐斯混合动力汽车低压辅助电源采用 12 V 的(　　　)，这种蓄电池与传统汽车蓄电

池类似,它的接地是汽车的金属车架,通过一个管与外界空气通风。【单选题】

A. 锂离子电池   B. 低压蓄电池

C. 普通蓄电池   D. 免维护蓄电池

2. HV 蓄电池冷却系统主要由(   )组成。【多选题】

A. 冷却鼓风机   B. 进气通道

C. 排气通道   D. 进气通道

三、 简答题

1. 结合本任务所学知识,简述丰田普锐斯混合动力汽车使用的动力电池及优劣势。

2. 简要阐述丰田普锐斯动力电池管理器工作原理。